設定目標，活出精彩人生

——6個正向練習重拾美好生活——

Living With Intent

MY SOMEWHAT MESSY JOURNEY TO PURPOSE, PEACE, AND JOY

瑪莉卡·喬布拉——著
Mallika Chopra

美國知名心靈大師&身心醫學專家/
狄帕克·喬布拉——後記
Deepak Chopra M.D.

葉妍伶——譯

目錄

謝辭

我花了很長的時間，才終於醞釀好情緒來寫這本書。

這念頭在我心中孕育以久，我先寫了提案，接著編輯，改寫，扔進垃圾桶，又重頭來過。我曾經停擺了好幾個月，然後又回到提案的階段，不確定自己究竟想要說什麼。但我一直想要分享我的經驗，這目標沒有消失過，只是需要時間慢慢萌芽。

這一路上有許多人幫助我寫出這本書，甚至寫出樂趣。

我深深地感激 Intent.com 網站的天使投資人，謝謝你們相信我們可以攜手打造理想。謝謝你們的慷慨與耐心，並相信我們可以利用社群媒體讓世界更美好。

謝謝 Intent.com 的團隊，看著你們紛紛實踐自己的人生目標、發掘人生使命，並為世界貢獻真是我的殊榮。艾力克斯．布魯明戴爾，你和我一樣固執地相信我們可以透過網站平台創造出富有意義的未來。謝謝你懂我的願景。

感謝 Intent.com 社群，那些寫信給我們的用戶，閱讀部落格文章和留言的讀者，謝謝你們分享各自的人生目標，並支持其他用戶，你們為 Intent.com 帶來了生氣與熱情，從而將生氣與熱情注入到我的旅程中。

感謝卡洛琳．蘭潔、菲莉西亞．蘭潔、姬塔．辛和喬布拉中心的團隊，你們的支持、創意和號召力讓我感激到無法形容。

感謝琳達．洛文塔爾，我的好友與經紀人，妳如此相信這出版計畫，甚至投入了自己的時間陪我編輯、修改提案。是妳給了我信心，讓我們真的能出書。妳是最支持我的擁護者。

感謝海瑟．傑克森——我們剛認識的時候都還是新手媽媽，因為我們都喜愛孩子，所以經常分享媽媽經和對孩子的承諾。能和妳再度合作寫這本書真是人生之樂！妳的評論不但到位，還讓這本書更添深度，結構更完整。謝謝妳也謝謝蒂娜．康斯塔伯相信我的出版計畫，以及和諧出版社的所有成員，我知道你們都替這本書灌注了自己的魔力。

感謝吉妮．葛瑞芙，這是我們共同完成的書。我已經分不清哪些句子是我的、哪些句子是妳的了，因為我們的旅程已經結合在一起。我喜歡我們悠閒地佐著美味午餐的對話，或在舊金山那充滿魔法的公寓裡腦力激盪，或透過電子郵件不斷來回討論草稿和想法。我知道妳在這本書中投入了心力與靈魂，我永遠感激不盡。我等不及要和妳一起攜手進行下一個專案了。

感謝所有親朋好友，我們一起看著孩子成長，分擔憂慮、分享喜悅，一起慶生，一起陪著對方走過喪親之痛，我們在惶惑不安時能夠彼此傾訴，互相求助。不管是每天傳訊息更新近況，在簡短的電話中瞭解動態，或是在升旗典禮之後短暫寒暄、參加慶生會或在午餐時聊天、一起去散步、一起做家事、一起運動、激發新的創業想法、抱怨生活失衡，或在社群媒體上按讚，我們共享的生活體驗讓我感到自在、快樂、相互陪伴。透過我們的對話、不安全感、喜樂與尋找平衡和意義的決心，你們給了我好多想法和靈感。我誠心地謝謝你們多年來日夜的陪伴。

感謝我的家人，我能夠生在這樣緊密且慈愛的家庭裡，還能嫁入另一個一樣棒的家庭和他們當一家人真是有好福氣。公公婆婆，您們一直相信我的才華，並鼓勵我寫作，我無比感激能有如此體貼的婆家。父親，謝謝您耐心地陪我激盪想法、閱讀我每一份草稿、給我最誠實的意見。我知道這份恩典很多人都無法想像。母親，妳是我人生中的安定力量，讓我不管做任何事都能定下心來。我對您的感激成就了現在的我。每一天我都希望能和您一樣。

如我所述，愛真的能給人生命的意義。愛如波浪不斷迎面撲來，為此我真心感激。

前言

清晨六點半，流行音樂喚我起床。「我像碩大的鐵球似地盪進你的心房。為愛情我從未如此義無反顧……。」

這是鄉村小天后麥莉．希拉的歌嗎？我在半睡半醒之間納悶著，並伸手關掉手機鬧鐘。我女兒莉拉今年九歲，她超級熱心，幾乎每天換音樂——這表示每天打斷我睡眠的人可能是紐西蘭才女歌手蘿兒或加拿大饒舌天王德瑞克。這不是我會選的音樂，但莉拉的安排總讓我帶著微笑起床。

我跳下床，趁兩個女兒刷牙更衣的時候去遛我們家的狗狗尤達大師，我們忙著去上學。我喜歡和她們一起走進教室，但我今天快遲到了，所以只在學校車道上揮手道別，沒送她們進教室。接下來的幾個小時像旋風一般忙亂：有會議、要跑腿、午餐只能在路上吃。時間永遠不夠用。我總是因為沒有足夠的時間做一些事而感到愧疚，像是我來不及到學校參加親子活動，或是我得取消公司會議到學校幫忙。挖東牆補西牆的結果是兩邊不討好，所以我盡量逼自己付出更多，在工作和親職上都盡心盡力。我能撐下來都是靠糖分和咖啡因——每天要喝很多杯茶、雙份瑪奇朵（有時兩杯）和巧克力。我沒有巧克力會死。

我在共乘車道上幻想著要是能好好休息、活力充沛會有多麼愉悅美妙，我要健康飲食，每天運動。我幻想著自己終於少了這十年來一直掛在腰間的那五公斤贅肉（好吧，有七公斤啦），在冥想（meditation）中我因為身形輕盈，心思也更集中，可以在日常活動中全力以赴。我想像著自己與三五好友相聚，或和丈夫安靜地吃頓飯，或毫無干擾地陪伴女兒泰拉和莉拉。我還看見我自己在社群裡擔任志工，感受到我與大環境的連結更為緊密，做出有意義的貢獻。但這些想像通常在孩子推擠上車後就消失了，我們得趕去足球場練習。我發現我忘了去寵物美容師那裡接尤達大師的時候不禁嘆氣，而我還得去買菜才能回家做晚餐。

等我哄女兒上床睡覺的時候，我已經累癱了。我趕緊補足工作進度回覆了幾封電子郵件，看看社群媒體，讀幾則網路新聞，追蹤一下名人八卦。我不願意承認，但我在上床睡覺的時候，經常納悶著我一整天到底做了什麼事？

我有好好善待我的身心靈嗎？

我想了想這個世界的變化，希望我能帶給世界更多回饋。

我的使命是什麼？我該如何付出一己之力？我有沒有活出人生目標？

問這些問題已經成為我生活中的一部分了，我有答案卻做不到。我們還年輕的時候，父親曾鼓勵我和弟弟高森每天起床，就先認真思索我們想要的是什麼。我們家的傳統是在冥想之後，父親會要求我們唸出《奇蹟課程》（*A Course in Miracles*）書裡的這一段內容：

我應對自己所看見的一切負責。
我所經驗到的感受是出於自己的選擇，
我有意完成的目標也是出於自己的決定。
我所經歷到的一切，都是我自己招惹來的，
我所接受的也是自己祈求來的。

然後他會問我們一個問題，至今這個問題仍迴盪在我腦中：

你想要什麼？

我們那時還只是孩子，所以我們的回答包括了新的電腦遊戲、波士頓塞爾提克隊的球賽門票、或去夏威夷度假。父親總是耐心地聽著，理解我們的物質欲望，然後溫柔地問：「那愛呢？慈悲心呢？人際關係呢？靈感呢？使命呢？」

打從我們年紀很小的時候開始，父親就教我們要每天祈求更美好的生活品質，讓我們充滿幸福感、安全感、使命感，感受到愛與能量。我們每天起床，就要設定好我們想要追求的目標、夢想或渴求，並積極尋找情緒與精神的連結，讓目標得以實現。

幾十年後的現在，我覺得自己非常迫切地需要繼續這個練習。成立Intent.com網站只是第一步，這網站讓我和其他會員有個空間可以分享我們的理念與抱負，並且互相支持，最終把夢想化為現實。這些年來，我發現當妳問別人他們想要什麼，他們真心想要什麼，他們的答案通常和這幾個主題有關：愛、人際關係、健康、靈感、生命的意義。

我經常尋思著世界上是不是有一條更平順的道路可以讓人生更喜樂、更有意義。當我發現很多人的心中也有同樣疑惑的時候，覺得很安心。當我傾聽社群裡的父母、同事、網站會員或聽過我演講的觀眾發表意見時，我聽出很多人的生活都過得太緊繃了。不管他們是單身、已婚、全職爸媽、正在職場奮鬥或待業中，大家同時都肩負太多工作了，做了這件事就對擱在旁邊的另一件事感到虧欠，覺得自己失職。大家急切地希望能有一股全新的使命感。他們在打拼事業或照顧家人的時候，往往也沒有足夠的時間可以關懷自己。他們就像我一樣，把自己這種停不下來的模式傳遞給小孩。

我相信我們一定都還有希望，可以活出更有意義、更有樂趣、更有新意的人生。設定好我們的目標——內心深處欲望的種子——明白闡述並認真追求，我們才可能找到通往幸福與意義的道路。目標能幫我們創造出嚮往的生活。更重要的是，當我們清楚地設定目標時，就發動了引擎來實現目標。我們更清楚哪些人可以幫助我們，並開始出現各種機會與機遇，注意到許多小巧合，吸引良師、同伴與嚮導來到我們的生命中。當我們的生活方式像是願望已經實現的時候，通常就真的能心想事成。

這本書記錄了我的人生目標，以及我如何在生命中找到更多意義、喜樂、平衡。我希望透過我的故事，可以分享我從家人、朋友、專家所學得的智慧，並利用我成功（與失敗）的經驗啟發更多人。在書裡，我提供了一份務實的路線圖，只要依循著路線圖，就可以讓思緒按部就班地走到行動，得到結果，最後達成目標。書中一些章節便詳細敘述了這歷程的每一步，和我目標行動方案的每一個細節：醞釀、察覺、信任、表達、孕育、行動。

希望各位讀者在看這本書的時候，我的改變能給大家動力、別人的故事能給大家啟發、科學研究能讓大家著迷，而閱讀心得可以給大家鼓勵與支持。我也希望大家可以到 Intent.com 網站上來或利用 Intent.com 手機應用程式分享各位的人生目標與經驗。

在我所有目標中，我打從內心希望這本書可以讓全球讀者開始討論如何活出目標，可以為心懷不滿的人點亮希望，鼓勵那些積極發現熱情的人，給我們所有人一個機會去相互支持，一起追求生活中的平衡、意義、和諧與喜樂。

第一章
朝目標前進

我在一場以健康與幸福為主題的會議中演講，突然心中出現了洩氣的念頭：「妳又沒有活出目標，憑什麼高談闊論？」參加者約五十人，幾乎都是三十五歲以上的女性，他們很認真地聽我解釋健康、平衡、活出使命感等觀念。

「目標就是要能清楚闡述我們希望變成什麼樣的人——想要有什麼樣的體格、什麼樣的情緒、什麼樣的精神——在家中、社群裡、在地球上扮演哪些角色。我們可以透過目標來定義我們想要什麼，並祈求宇宙或上天的幫忙。目標就像種子，代表著我們生命中最真實的渴望。你的目標可以是身體健康、感情和諧或愛。」

好吧，至少大家很專心。

「其實，」我繼續說，「用種子來比喻真的是再

目標就是要能清楚闡述我們希望變成什麼樣的人——想要有什麼樣的體格、什麼樣的情緒、什麼樣的精神——在家中、社群裡、在地球上扮演哪些角色。」

適合不過了。種子已經包含了成長所需要的一切；為了要讓種子茁壯，你得去栽種、去澆水、去呵護。你要提醒自己專注在這個想法上，並且採取行動讓想法化為現實。目標就像種子一樣，只要一點點可能就會爆發出無限潛能。」

用種子來比喻目標的力量非常強大。種子通常深埋在土壤裡，在黑暗中開始新生——我們的目標剛紮根的時候也一樣：在我們腦中充滿陰影的深處，有悲傷、恐懼、不滿，但也有喜樂、希望和衝勁。我們不曉得的是，這股黑暗其實提供了肥沃的營養，讓目標的種子得以成長，讓我們有動力和契機，願意努力去改變。

我繼續解釋這概念，並提到了我父親，當然每個人聽了都相當認同，頻頻熱情地點頭。「我父親教導我們目標必須內含完成目標的機制，就像種子裡面就有植物需要的一切，可以長成大樹、小花或果實。人生目標是我們意識中或精神裡的種子，你有足夠的力量讓目標成真。」

我口中說著這些，但就在此刻，我覺得這些早已牢記在心中的概念離我好遙遠、好生疏。那天在演講前，我過得很混亂。我在來參加活動的路上遲到了，還把咖啡灑在褲子上，一個多小時前吃進肚子裡的八大塊巧克力碎片餅乾讓我像宿醉一樣感到噁心反胃。在那之前，我漏接了一通很重要的工作來電，這個疏失讓我一直覺得很自責、好愚蠢。通常，我要求自己要準時，說到要做到。當我辦不到的時候，我沒辦法原諒自己。但我的問題不只是今日不順而已，從更長遠的角度來看，我不知道自己到底在幹嘛。我並沒有好好地過日子，我被瑣事淹沒，只勉強追上進度而已。我站在台上，分享我的想法，覺得自己好像大騙子。我相信我說的每一個字，打從內心深信不移，但是我自己都做不到。我並沒有把這些話落實在每一天的生活裡。

我得逃離這些想法，於是我請參加者閉上眼睛，由我帶領大家冥想。安靜吐納五分鐘之後，我請大家聽我的問題。

「你們不必回答這些問題，只要去體會就好。」我說。

「我是誰？」

「我想要什麼？」

「我這一生能做什麼？」

雖然我要求大家冥想，其實我自己也需要。我得集中心神，連結本我核心。我深呼吸了幾下，感覺到身上所有細胞都在思考這些問題。我是誰？我想要什麼？我這一生能做什麼？這些問題我想了好多遍。在我的童年裡，這是我們家的儀式，我父親會問我們這幾個問題。但此刻在講台上，這些問題帶給我不同的感受。此刻游移飄動的知覺像船錨一樣固定在當下，就在我的身心靈裡。我感覺到自己像是打開天線接收新想法。有些答案立刻就像泡泡浮出水面：

「我是誰？」
「我想要什麼？」
「我這一生能做什麼？」

我是誰？

我是一個媽媽，我有兩個女兒。我是一個妻子、女兒、姊姊、朋友。

我是一個創業家，一名作者。

一個陪小孩練足球的媽媽，但這角色我當得很勉強，就像穿一條太緊的褲子，會有勒痕或燒襠，但我不確定為什麼。

我的靈魂能愛人也想要被愛。

我想要什麼？

全家人和自己身體健康。

財務安全感。

愛、使命。但我要怎麼獲得？

平靜、休息、平衡。這時候卻沒有一項辦得到。

我這一生能做什麼？

此刻，我要做好媽媽的工作。除此之外，我真的不知道。

這樣夠嗎？

還有什麼可以帶給我更深層的使命感？

我口中引導著參加者冥想，但心中不斷回想著我的答案，以及接踵而生的更多問題。我要大家思考他們是誰，這時候才發現我與真實自我的連結已經從根部斷裂了——或至少我沒辦法明確地說出來我現在的處境，或我該如何過好我的人生。我已經找不到和靈魂之間的聯繫了。

這個發現讓我非常不安，我的心思想迴避這個念頭，我得忍住這股衝動。但我愈是煩惱，我愈是認知到這事實。我傾聽自己的身體，我得承認自己的健康狀態並不理想。我太胖、太累、太痛。雖然我家注重心靈成長，但我卻不常冥想、做瑜伽、排毒、靈修或吃素。事實上，我對糖分上癮，讓我的行為愈來愈不健康。我常常白天溜出去買餅乾或杯子蛋糕，然後偷偷大口朵頤。我在其他方面也沒有好好照顧自己。我並沒有規律運動，經常熬夜晚睡，只是在看社群媒體或玩手機遊戲。我不想保持健康的藉口一堆，但我知道我的藉口都很薄弱，只是用來掩飾我不願意採取那些必要的行動來做出艱難的改變。莉拉和我一樣愛吃甜食，她也開始養成不健康的飲食習慣了。我站在這裡想著，知道她的行為是在反映我的行為。一旦想清楚這點，我又被全天下媽媽都有的情緒包圍：愧疚感。

我帶著大家思考父親的所有問題，我發現我比原本更困惑、更難受了，居然會有這種事。我可以做什麼事？我知道我想做更多，但老實說，我不知道是更多「什麼事」——而且我已經累到沒辦法去想那是什麼，或為那件事情付出精力了。這幾年一直在家庭和工作的旋轉木馬上繞圈圈，我又昏又沒方向。我想下來。

我對自己說，每個人都一樣，所以我並不孤單。我讓自己的思緒飄蕩，心想著有什麼方法可以讓我覺得更滿足一點。這時回想起我寫前兩本書的時候，女兒都還小。那兩本書的寫作過程幫我建立育兒的思緒，讓我找到當媽媽的方法。那麼如果寫一本關於目標的書，是否也可以幫助我找到方向，協助我前進？

我愈認真想，愈覺得有道理。所以當下，在冥想的群眾面前，我默默地訂下目標要寫這本書——並從那些能啟發我、理解我目標的人身上得到指引。

從我有記憶開始，目標的觀念一直是家族故事的一部分。我們家最擅長實踐目標的人就是祖母。她非常相信願望、祈禱與奇蹟的力量，堅不可撼。祖母甚至相信她那襲傳統紗麗的顏色可以影響全國板球大賽的輸贏。紅色是她的勝利色。祖母也堅信禱告可以讓我祖父的病患恢復健康。她會去醫院探視病患，再帶著供品去廟宇祈禱他們早日康復。祖母認為她的心念和欲望形塑了這個世界，而她確實擁有一股神奇的力量，能心想事成。她做過一件事，後來成了家族傳奇，我從小就知道要立定目標，她的這個故事則強化了我的信念，讓我明白目標有多大的威力。

一九五四年，印度從大英帝國獨立後不久，我的祖父、祖母、父親和叔叔住在印度北方，因為祖父是軍醫，被派駐在北方邦首都勒克瑙（Lucknow）。印度首任總理賈瓦哈拉．尼赫魯（Jawaharla Nehru）那年國慶巡訪各邦，而來到勒克瑙。祖母和村裡所有人一樣，都引頸期盼總理的到來，她好幾個禮拜前就開始猶豫著要穿哪一件紗麗、要梳哪一種髮型、要穿平底鞋或高跟鞋。祖父、父親和叔叔都覺得她太過誇張了，有時候會笑她或提醒她不要抱持過度期望。他們說到時候人山人海，總理根本不可能會注意到其中一個女人穿什麼紗麗。祖母就隨他們取笑，一點兒都沒被他們影響。

「尼赫魯總理不但會注意到我，」她信誓旦旦地說，「他還會特別祝福我。」

國慶日終於到了，祖父、父親和叔叔凌晨四點就擠到街上，這樣才看得到遊行隊伍。祖母穿了一件很吸睛、很耀眼的粉紅色紗麗，天亮後就和他們集合。等到車隊開始行進，街上已經人滿為患，殷切期盼尼赫魯總理的民眾成千上萬。車隊慢慢經過祖母和全家人面前，尼赫魯總理的禮車降下車窗，他不斷朝民眾揮手。就當四周群眾全都高聲歡呼之時，我祖母靜靜地站著，以印度傳統合掌在心口的方式敬禮。

一切就好像由祖母的意念操控那般，尼赫魯總理的禮車停了下來。總理下車穿越群眾走到我祖母面前。他雙手合掌表示尊敬，拿下胸前的玫瑰花，當著眾人面前將花遞給了我祖母，便轉身回到車上離去。周圍群眾大聲歡呼，祖母的雙眼盈盈，她看著祖父眨了眨眼睛。

依循著祖母的精神，我開始認真投入目標的研究。每過一天，我床邊和門口的書籍就愈來愈多。許多作者我早已久仰大名，於是我先從他們的著作開始——有些作者的名字我從小就常聽到，但是卻從來沒讀過他們的書籍。我父親就是其中一位。艾克哈特·托勒（Eckhart Tolle）、瑪麗安·威廉森（Marianne Williamson）、亞麗安娜·赫芬頓（Arianna Huffington）、安德魯·威爾（Andrew Weil）、丹尼爾·席格（Dan Siegel，**編註：真正全名為** Daniel J. Siegel）。我訂定的目標就是要和這群偉大的導師對話，並向他們學習。我花了一下午擬電子郵件給他們，然後對自己說：「如果因緣具足，他們就會接受我的採訪。」

同時，我在腦中不斷反覆思考著我的目標，從各角度檢視之後，我發現目標這個詞彙太過模糊、語焉不詳。我們在談目標的時候，到底是什麼意思？

目標不單純只是目標。它來自靈魂，從我們內心最深處出發，打從內心渴望幸福、健康、歸屬與愛。我們在思考、醞釀、表達目標的時候，我們也在創造實踐目標的環境。但目標需要孕育，要花時間才能讓種子結成果實。我們要在生命中最適當的時刻付出行動與努力，才能達成目標。

目標的觀念流傳千年。世界各地的古老智慧都曾論及目標，認為目標是我們開創未來的動力，而且目標在許多宗教典籍裡都有十足的分量，如印度教與佛教。目標在梵文裡指的是「願力」（Sankalp，संकल्प），意指心願或念力。而佛教的八正道闡述離苦得樂的八種方式，其中第二要點即是「正思」（Right intention）。正思清楚扼要地說明了要友善地對人對己，且心存憐憫，同時行為舉止要合乎內心最深處的價值。

在佛教傳統中，目標就是要誠實正直地活出每一刻，並且不忘記對自己最重要的事。佛教徒相信只要時時想著目標，並且生活舉止都符合自己深信的價值，就能設定睿智的目標——並採取必要的行動去實踐它。

目標在希伯來文指的是「心中的指引」（kavanah），代表全神貫注將意念貫徹到行為中。舉例來說，若你的禱告少了「心中的指引」或目標，那其實只是一串無意義的話。基督教徒在禱告中向上帝祈求你想獲得的一切，這也是目標的一種形式。

近期許多科學家想要理解目標究竟有沒有用，若有，又是如何作用。多數研究都著重於「代禱」。替別人禱告真的能幫助他們康復嗎？研究結果莫衷一是。有的研究說很有效，也有的說沒效。但澳洲阿德雷得醫院癌症中心近期由調查員針對禱告能不能改善癌症病患的情緒和心靈進行研究，期間持續六個月，基督教禱告團體特地從遙遠的地方來到醫院為半數以上的病患祈禱。沒有接受教會代禱的病患是控制組，相較之下，有接受代禱的病患在情緒和心靈狀態上都有小幅的進展。他們不知道有人在替他們禱告，但他們的心情就是好多了。

為什麼禱告可以療癒這些病患呢？我父親相信意識就是一種基礎的力量——像地心引力那麼基本——只是我們還沒有適當的科學工具去理解。可能是意識會產生電力或磁力，而這種無形的波動雖微小卻可以測量得出來，能改變我們和別人的行為。總之，這片謎團中有一個明確的線索：我們的想法和信念可以影響自己的健康。

光看安慰劑的效果就知道了。醫療人員給病患沒藥效的藥片，但因為病患相信那是藥，所以就好了。安慰劑和抗憂鬱藥物在治療輕微憂鬱症的時候一樣有效，安慰劑也能減輕帕金森氏症、克隆氏症和許多硬化症病患的症狀。我們的心智可以有效影響我們的身體——和我們的人生。那為什麼不用心智來改善我們的生活呢？為什麼不設定目標當個更慈悲的人，散播愛並讓世界更美好呢？

你想改變什麼？你生命中哪些部分不如你所願？少了什麼？想想這些問題，你可以發現內心最深處的欲望，找出那顆種子。你可以做出哪些小小的變化，就覺得更輕鬆、更快樂、更善解人意、更靈感充沛？接納這些小小的改變，可以是創造世界大改變的第一步。

接納這些小小的改變，
可以是創造世界大改變的第一步。

我意外地收到艾克哈特．托勒電視節目顧問的回信。他說艾克哈特．托勒會去舊金山演講，儘管他不接受私人會晤，但他同意見我一面，因為目標的提案讓他很感興趣。見面那一天到來的時候，我很緊張，他是心靈成長與意識改變的圈子裡受人景仰的作家，我父親說過他真的很活在當下，而且他和心靈有深刻的連結。我不想讓他覺得我很遜。

但沒想到，我那天過敏得很厲害，這幾年過敏從來沒那麼嚴重過。我在見面前連打了三小時的噴嚏，一直擔心我到底該不該赴約。我的雙眼又紅又濕，鼻水一直流，喉嚨又乾又腫。我好幾次拿起電話想要取消，後來又放下。我不希望錯失機會，所以深呼吸，硬著頭皮去了。我們一坐下來，我竟然就不再打噴嚏了。

我問艾克哈特．托勒幾個最主要的問題——**目標是什麼？你如何定義，又如何實踐人生的目標？**這時遠方教堂鐘聲響起。就如我父親所述，他是個活在當下的人，艾克哈特．托勒整個人亮了起來，他說這鐘聲讓他想起以前在歐洲的生活。我們花幾分鐘聽鐘聲，這美好的聲音和他冷靜熱忱的態度平撫了我，讓我感到內心平靜。

「簡單來說，目標就是你內心的想法，想拿到外在環境實踐。從宇宙的角度來看，一件事成真之前，或許已經存在於上帝的腦中了，」他說，「為了表達心願，與其問『我想要什麼』，不如問『宇宙想要我做什麼？』或是『我能給宇宙什麼？』有時候自尊心作祟，我們很容易陷入欲望中，但問這幾個問題可以幫你集中精神，不要只想到自己。但這不表示你的使命感必須很崇高，像是改變世界。」

「很多人相信追求使命感就是要做大事。其實，成就是深藏在日常工作或育兒中。如果你把目標當成是透過你而實現的欲望，即表示你藉由一個實現企圖心的手段，進而超越自我。」

其實，

成就是深藏在日常工作或育兒中。

他的話讓我想起目標不一定來自我們的心智，可能來自我們的靈魂，必須要由更深層、更無私的力量牽引。若我們的目標來自靈魂，那麼就會發生許多美妙的事情。艾克哈特．托勒提起他在英國那幾年開設的「小規模」心靈成長班。或許一次十人，有時候只有一人。

「我還是會上課，」他說，「我覺得這就是我人生的使命。」

過了幾年之後，他覺得心中有個念頭油然而生。

「不是不滿足，但這個感覺是我想做另一件事，只是還不明白。有個想法要誕生，我得幫助它成形。」

就在這時，他造訪了薩莫塞特郡鄉間的小教堂，他不加思索地就說出「我想要加速」。幾週之後，有一天他醒來，他知道必須搬到美國東北岸去寫一本書。

「有個東西想要被創造出來，我覺得那是一本書，」他說，「這感覺不像是我自己會有的想法，如果你敞開心胸接受宇宙的安排，意識會透過你表現出來。」

我對艾克哈特．托勒說當媽媽是我人生中最重要的事，但我有時候擔心當媽媽還不夠。他對我微笑，幾乎像我祖父在我需要肯定的時候一樣。「有些人做小事就很幸福，」他說，「我說他們是接收到頻率的人。他們和其他做大事的人一樣重要。他們的使命就是全心全意專注當下，認真地生活、真誠地和其他人互動——就連最微小的互動也付出全心。這樣一來，他們也在改變世界，讓世界更美好。我們的文化不夠重視這些調對頻率的人，但這不代表他們不重要。在很多方面，多年來我也一直在默默接收這樣的頻率。」

結束對話之後，我覺得有點暈暈的，但深受感動與啟發。我思考著他說調對頻率的人是什麼意思。聽起來有點像是個陪小孩練足球的媽媽。是我的自尊說我還得做更多事才有價值，還是我真的想要去創造其他更偉大的事？如果我能接收頻率，我該怎麼快樂地擁抱那個角色，在當下能更沉著，為家人和朋友呈現最好的自己？我要怎麼做才不會覺得那麼愧疚、做得不夠多、什麼都做不完？

在我前往機場的路上，開始想著我的待辦事項，然後想起我要幫孩子學校的派對預訂藍莓瑪芬。我又開始打噴嚏了，眼睛好癢。我這才發現我和艾克哈特．托勒對話的時候一個噴嚏也沒打。在那當下我很專心很平靜。他的同事說我們有十五分鐘的時間可以對談，但我們談了超過一小時。我真的感激不已。

在我加入擁擠人群中排隊過安檢前，我做了一件我從沒做過的事：我走向酒吧，點了一杯雙份麥卡倫威士忌。這杯酒讓噴嚏和快轉的思緒都停了下來，我知道這不是艾克哈特．托勒要給我的建議，但在這當下——而我只擁有這當下，這是他提醒我的——這杯酒奏效了。

就在我和艾克哈特．托勒對談過後沒多久，有一天我坐在家裡沉思著目標這件事。我完全相信目標是讓人改變的強大工具，我也從自己和周遭朋友的經驗中知道要實踐目標的過程可能會很困惑。有沒有辦法把這過程闡述得更清楚、更簡單？我在設法找答案的時候，負責務實分析的左腦就開始運作了。

接下來這幾天，我隨身帶著紙筆，只要我想到能定義目標或對實踐目標很重要的單字就記下來。結果我大概寫下了二十幾個單字，包括「冥想」、「聯繫朋友」和「注意巧合」。我自己很喜歡縮寫，所以我開始去思考有哪些核心概念，能不能拼湊出實踐目標的路線圖。最後我歸納出了六個練習，來幫助我們，也就是目標（Intent）：醞釀、察覺、信任、表達、孕育、行動。

醞釀（Incubate）：

靜下來傾聽自己內心最深層的渴望，讓它引導你真正的方向。

察覺（Notice）：

察覺你的想法和行為，它會透露出哪些事情可以給你意義和使命感，這是帶領你走向真正道路的線索。

信任（Trust）：

對自己有信心、對宇宙傳遞給你的訊息有信心，這些都是成為你向前的力量。

表達（Express）：

寫下你的目標，大聲說出來，或和其他人分享，充分擁抱你的目標，讓你在人生旅程中繼續前進。

孕育（Nurture）：

在尋找人生方向時對自己溫柔一點。目標不一定是一條直線道路，人生也不是。過程中不可缺少給自己嘗試和失敗的機會，這是相當關鍵的步驟。

行動（Take Action）：

一旦確認目標，不要空等它會成真。你得採取必要的步驟來實踐它。或許先許下一個心願，設定微目標會比較容易開始。

為什麼要這麼麻煩地去活出目標？為什麼不過一天算一天，何必想清楚自己要什麼？很多年前揚・羅比凱廣告公司的執行長大衛・瑟布（David Sable）對我說了一個猶太教的小故事，完全能夠說明為什麼我如此深信我們應該立下目標：

猶太教士楚士亞（*Zusya*）在臨終前顯得非常害怕，有異於他平常的表現。門徒就問他怕什麼。楚士亞說：「我想到我就快要去見上帝，怕上帝問我為什麼做得那麼少。如果上帝問我為什麼不做摩西做的事，我可以說我不是摩西，不像他那麼有智慧、善領導。但如果上帝問我為什麼不做楚士亞該做的事？為什麼不盡力發揮你的潛力？我將無言以對。」

我想要徹底發揮人生的潛力。我想要擁抱我的使命，不管是大是小。想要找到屬於自己的時刻，採取積極的腳步，變成我想成為的人。這段路程絕對蜿蜒，充滿驚喜、挫折和恩賜。但我已經準備好要完全接受了，不管這路程最後會帶我去哪裡。

你想去哪裡？有什麼在呼喚你？讓我們一起展開旅程吧。

有目標的生活：反省與練習

以下這些事情曾經幫助我清理路障。我寫出來是希望這些能給你一些靈感或幫助：

1. 去外面散步。注意並欣賞宇宙的巧手——一群鳥兒可以同時飛翔，或一列螞蟻用自己的節奏前進。留意並欣賞周圍環境，不要感覺到有壓力得做其他事情，光是這樣就能產生強大的力量。對某些人來說，在日誌裡隨筆寫下想法或觀察是個持續內省的好方法。

2. 在花園裡或家中向陽的窗台前，找個盆子種下一顆種子——花卉、水果或蔬菜的種子都行。你要負責每天澆水，讓盆栽曬曬太陽。享受花草之美，還有你幫助它長大的能力，看著種子長出它獨特的模樣。

3. 找出家中或社群中和你頻率相同的人，可以是任何人——你的母親、郵差或超市裡的收銀員——你覺得他每天都活出目標的人。認同他在自己和眾人的生命中所扮演的重要角色。

活出目標的練習：「宇宙要我做什麼？」

☆ 撥出五分鐘的時間來冥想或靜坐。選一個讓你覺得快樂或安全的地方。

☆ 花幾分鐘靜下心，深呼吸，自然地吐氣吸氣。不要去控制呼吸，不要控制任何事情。只要讓空氣自然流動，讓這韻律幫助你放鬆。

☆ 問你自己這幾個問題。不必覺得自己一定要有答案。只要花時間感受你問的時候在想什麼就好。

我是誰？停幾秒鐘，再重複這問題。
我想要什麼？再停幾秒鐘，然後重複這問題。
我這一生可以做什麼？暫停一下，再重複這個問題。

☆ 深呼吸後問自己：

宇宙（上帝或你相信的神明）要我做什麼？
不一定要有清楚的答案。只要感覺內心的感受就好。

第二章

醞釀

七月二十四日那天我一早就被歌聲喚醒。「祝妳生日快樂，祝妳生日快樂，親愛的媽咪生日快樂，祝妳生日快樂。」瑟曼和兩個女兒哼著生日快樂歌，當我坐起身來時，他們把托盤放在我的面前。泰拉和莉拉笑容滿面，顯然對自己的精心安排感到無比驕傲，托盤上有巧克力可頌、草莓、我的瑪奇朵、手作禮物和卡片。用這方式展開人生的第四十二年真是完美：滿滿的愛與糕點。

他們送給我生日早餐和生日擁抱之後便離開了房間，讓我獨處一整個上午——這是我那天唯一的要求。我撥出時間開始冥想。我以前勤於冥想，但這幾年逐漸鬆懈了。這個生日就像是旅程的起點，我要開始活出生命的意義，所以很適合從今天開始重啟冥想的習慣。養成每日冥想習慣的最大好處是我可以培養專注力——察覺當下的外在環境或內在修為有哪些變化——這可以幫助我理解為什麼這麼疲倦，並發現自己是被哪些瑣事纏身。對我來說這是許願的過程。先沉靜下來，才能注意我的身心對我有什麼樣的要求，想清楚後才知道自己要完成哪些目標。

我在臥室裡清出了一個角落，把我最喜歡的安樂椅搬過去。椅子前方的地板上放了一尊收藏已久的佛像，再把兩張照片靠在佛前立起來。一張是我們全家旅行時在泰姬瑪哈陵的合照，兩個女兒笑顏如花；瑟曼和我看起來幸福又輕鬆；另一張是我和瑟曼在婚禮上的照片，家人都圍坐在我們旁邊。我祖父在最前方，我總是稱他為爹地。他已經往生多年，但我仍可以感覺他的慈愛——這張照片讓我覺得他的靈魂一直支持著我。每當我想起祖父，就能感受到他的愛，因而充滿信心，我知道我們以前共處的美好時光會永遠陪伴著我。這兩張照片給了我許多力量，這正是導引我走向未來時所需要的情緒。我坐在椅子上（在地板上盤腿〔採蓮花坐姿〕會不舒服，我不想因為疼痛而分心），然後閉上雙眼。

長久以來，冥想是我生活中相當有意義的一部分，讓我有機會可以靜下心，摒除壓力，集中精神，連結體內那細微的聲音。如果我真的要定義並追求目標的話，我一定得靠這個深思的練習才辦得到。

我發現安靜地坐下來集中心念是醞釀目標最有效，也是最有意義的方法，因為靜思可以讓我們的思考更深入，察覺更透徹。要發揮生命的意義，就必須先瞭解你自己；冥想會協助你發現你的思維脈絡、恐懼、不安全感、優點和熱情。當你一旦清楚了這些面向，就更能找出讓你裹足不前的想法和原因，甚至強化那些可以扶持你進步的活動、朋友和練習。換句話說，你就會準備好，並且有能力實踐目標。

要發揮生命的意義，就必須瞭解你自己；冥想會協助你發現你的思維脈絡、恐懼、不安全感、優點和熱情。

要醞釀目標，冥想絕不是唯一的方式，但靜心沉思絕對是關鍵。有時候當我在沙灘上跑步，或在樹林裡散步時也會有重要的心得或啟發，有時是在做瑜伽，甚至有時候我只是坐著玩拼圖。我們各有各的方法來找到靜思的時間和空間。或許對你來說是烘焙、編織、跳舞或聽音樂。冥想對我來說是讓我連結到靜心之境最快速、最有效的方法，但方法不只一種。只要你願意給自己一點珍貴的時間來反省和放鬆，好好地靜下來，你就可以隨時思考並醞釀目標。

這些年來，我已經學會了靜下心就能切割日常生活為身體和情緒帶來的各種紛擾，連結真實的自我，外在的標籤或腦海裡的跑馬燈都不能影響我。只要進入那個安靜的境地，就可以聽到真實自我的柔和聲音——它知道怎樣才能讓我快樂、滿足並充滿意義。

冥想也是讓我專注當下最有效的方法。艾克哈特．托勒曾經親口對我說：「任何人要找出目標，知道他們想要什麼之前，都必須想清楚活在當下的意義。」當下是幸福的關鍵，因為我——或任何一個人——只能掌握當下。

冥想不一定要布置一個特別的禪坐區。可以坐在床上或

「任何人要找出目標，知道他們想要什麼之前，都必須想清楚活在當下的意義。」

臥室地板上閉起雙眼。不過建立冥想的儀式可以幫助我進入情緒，專心沉思。我坐在自己的專屬座椅上，雙腳舒服地平踩地板，雙手放在大腿上，然後深呼吸，讓這一口氣慢慢地、緩緩地吐出去，然後再一次。我要從練習模式切換成禪坐模式——忽然間，情緒上湧。那是胸口一緊，喉頭一縮，還有淚水在眼眶裡打轉那種鹹鹹又刺刺的感覺。這股情緒不是悲傷，是感激。我感激瑟曼、泰拉、莉拉給我這個機會坐在這裡慢慢呼吸；感激出版社願意鼓勵我踏上自我探索的旅程（還付錢給我寫書）；感激冥想練習。

我坐在那兒靜下心的感覺就像回家——回到家人身邊、回到童年。這個練習對我們來說意義重大。事實上，我父親開始冥想之後，就改變了我的一生，也改變了全家人的一生。

我的父母都在印度長大，但他們的成長過程中卻不熟悉冥想與阿育吠陀（Ayurveda，編註：印度的傳統醫學）——雖然現在大家都知道我父親積極推廣冥想與阿育吠陀，不過當年他們受的教育是以西方價值觀為主。我的祖父母、外祖父母都受過教育，而且在印度於一九四七年脱離英國獨立後仍旅居英國多年。因此，我的父母都講標準英文。到現在，我父親還可以從頭到尾背誦莎士比亞的劇本。父親學西醫——在那年代「聰明」的印度人不是立志當醫師就是工程師——他醫學院畢業後，就結了婚，於一九七〇年帶著新婚妻子移民美國，開始當住院醫生。

十年後，我父親已經是一位成功的內科醫師，當時我九歲，弟弟高森五歲。我們是很能適應移民美國生活的小孩，和印度人社群與美國學校都能維持緊密的關係，但當時卻不是特別重視心靈成長的家庭。我們會慶祝印度傳統重要的秋季節日排燈節（Diwali），也會慶祝色彩節（Holi），用繽紛多彩的粉末和水互相潑灑，慶祝春天的到來。

當我還是孩子時，我以為我們很幸福，並不曉得父親在職場上承受了多少壓力。他覺得自己開啟了自動導航模式，有病人來就開藥。他菸抽得很兇，母親為了他酗酒的問題兩人一天到晚都在吵架。有一天很可怕，他們的衝突來到臨界點，母親打包了行李。我記得我滿心困惑：她要去哪裡？我好納悶。他們互相咆哮，母親朝門口走去，她上了車就要發動，高森挨著她的後輪躺在車道上。我才恍然大悟。她要離開了。那是我第一次打從心底的害怕。我一直以為我們會一輩子幸福無慮。我們家到底怎麼了？

那次的衝突敲醒了我父親。他很不快樂，所以開始找方法改善。他長期修習哲學，上過吉杜．克里希那穆提（Jiddu Krishnamurti）的課，他是一名印度籍哲學家與作家，專門探討意識與人類存在的本質。聽了他的演講之後，父親開始搜尋克里希那穆提的著作和錄音。父親透過他認識了冥想這個由克里希那穆提所推崇的活動。他認為「如果你不懂冥想，就像是一個盲人生活在繽紛燦爛、光影交錯的世界」。父親在好奇心的驅使下報名了劍橋超覺靜坐中心的課程。我們經常聽他說起第一次在那裡冥想的經驗。他說那天當他開始冥想的時候，感覺到非常安詳與寂靜，那正是他生活中缺少的元素。他感覺連接了自我，還有一個更高等的強烈力量，改變了一切。父親的個性是會想立刻和別人分享特殊的體驗並繼續探索，所以他衝回家，載了母親，直接帶她到超覺靜坐中心，讓她也能親身體驗他的新發現。母親的個性恬靜淡定，所以冥想的穩定寂靜對她來說很自然，很快就上手，從那天起她也養成冥想的習慣。因為父親的熱忱，我們的印度人社群裡沒多久大家也都開始冥想了。

從那時候開始，我們的家庭生活就變了。父親不再抽煙喝酒。我們花更多時間和家人相處。暗潮洶湧的緊張氣氛也消失了。我放學回家以後，先做功課、看一下電視、然後會花十五分鐘的時間和母親一起冥想後再吃晚餐。我愈來愈喜歡這種靜下心、連結當下的感受。和母親並肩坐著讓我感覺很安全——而且因為我曾經短暫體驗過不安全感，和她一起冥想就像是我的生命線，把家人緊緊地繫在一起。

此刻，我坐在自己家中剛打造好的禪坐區裡，閉上雙眼，感覺到自己不只是和家庭傳承的文化重新建立連結，也連上了一股潛能——改造自己的潛能。我將心思專注在呼吸上，感覺到冷空氣進入我的鼻孔，一路往下直達腹腔，再感覺到空氣離開我的身體。一如以往，我總是驚訝於呼吸竟然可以在我們控制之外，甚至意識之外提供我們生命能量。當我專心吐納，一呼一吸就給了身體存活的力量，穩定可靠。當吸氣時，我默念咒語（mantra），那是梵文的「心智工具」（tool of the mind）。咒語是一個聲音，或一個字，讓人在冥想或禱告的時候唱誦。多數的咒語都能安定心神——

很多人用梵文的「愛」或「和平」——讓腦子可以集中注意力，就不會想東想西。我二十年前在喬布拉中心學習本初聲音冥想（Primordial Sound Meditation，一種冥想的方式，現在我也開始授課了）時，老師給了我專屬的咒語。我的咒語源自我出生當時宇宙震動的能量，是數百種印度吠陀（veda）傳統中使用的咒語之一，已經流傳了數千年。用文字很難描述那聲音。請想像原始的聲音——浪花拍打海岸、微風吹拂樹梢等聲音。這些聲音具備療癒的力量，與我的咒語非常相似。

我默默地重複這個聲音，逐漸在心中共鳴。我繼續重複著，當思緒飄遠開始東想西想時，我再溫柔地將注意力轉回到我的咒語上，這情況會不斷發生。我可以只專注呼吸，放鬆地一呼一吸，感覺空氣經過我的鼻孔，但因為我從小就開始念咒語，這個聲音可以幫我定心，讓我的大腦知道現在要從思考模式切換成存在模式。就像沿著一條經常穿越的小徑來到熟悉的寂靜之境一樣。

多深呼吸幾回之後，我發現我開始想著泰拉明年要上哪間中學、莉拉的足球比賽時要準備什麼點心、我要向有意願的投資人更新近況——擔心、期待、焦慮交織在一起的熟悉忙碌感逐漸把我帶離當下。即便我認知到這些想法，但也不責備自己——畢竟這是大腦的工作——然後我溫柔地把注意力轉回到我的咒語。這個不斷分心又專心的過程不算失敗。把飄遠的思緒追回來也是練習的一部分，而且這麼做對於確認目標有個好處，因為這過程讓我有機會去觀察自己的想法，並更瞭解我自己；藉由注意自己在想什麼，並將注意力導回到咒語上，我其實是在緩慢而確實地訓練我的大腦安定下來。我冥想了十五分鐘，大部分的時間都在和飄散的思緒糾纏，我的想法就好像是一個體力過盛的學步娃兒，一心只想到處走動：我們晚餐要吃什麼？我那件粉紅色毛衣在哪裡？我一定要記得打電話給我媽！即便如此，當手機輕聲提醒時間到了，我睜開眼睛時，覺得很放鬆很平靜。我深吸一口氣，伸展四肢，再伸手拿我的日誌。在我的腦筋清晰且專注於當下時，會趁機記下我未來的目標：

七月二十四日。我想要活在當下——盡力活出生命的喜悅，同時真誠從容地面對悲傷與挫折。我要重視我的女兒、瑟曼、我的父母、我的朋友還有自己。我今年的目標：

家庭。我想要和對我最重要的人緊密相依，真心享受我們共度的時光，感激我所擁有的一切。

平衡。我要找出平衡對我的意義，還有如何達到平衡。

健康。我要定期健身，減少糖分的攝取，吃得健康一點——不只是因為我想減重（當然能減重很開心）也是因為我想要更健康，想要尊重我的身體。我想要持續一項能讓我心靈和情緒都更美好的體能活動。我想要注意我的睡眠狀況，因為我知道獲得充分休息後，才會做出更好的決定，更容易和他人相處。

樂趣。我想找出哪些活動能讓我笑開懷，帶給我喜悅，並持續讓自己開心。

使命。我想要對我每天的工作重燃熱情，不管是妻子或是女性企業家的工作。我想要找出日常工作的意義，這樣我才能付以尊重並保持思路清晰——盡我所能讓自己、家人、和我生活的世界都更進步。

目標。我想要更有活力、創意、靈感，更加專注、喜悅，並且在我能力範圍內為自己和周遭眾人的生命帶來更多愛。

這清單不算短，但我相信自己辦得到。我感覺很棒——專注、平和、完整。這幾年我一直壓力過大，忙得團團轉，但其實只要幾個呼吸和好好冥想就可以療癒自己。

當我小時候開始冥想時，我是同儕中的異類。我父親公開推廣冥想，但他的觀點被主流媒體當成旁門左道。我特別記得在九〇年代初期，在念大學的時候，有一天在機場候機。我在雜誌架上看到其中一本雜誌的封面是父親的漫畫版。他的頭特別大，以蓮花坐姿冥想（或許還漂浮在半空中），八條手臂以扭曲的姿勢圍繞著身體。他一手拿著蛇油，一手拿香。那訊息很明確：冥想的人是神經病。

即便如此，冥想仍是我珍惜的寶貴禮物。從親身經驗中我瞭解冥想的療癒力量，我知道冥想讓我更有安全感，更能集中精神，更開心。靜下心坐著讓我度過日常生活的雞毛蒜皮之事，連結更偉大的力量，而且冥想漸漸地、默默地在我的觀點與音量灌注了信心。

過去這十年內，冥想在美國蔚為風潮，這個變化總是讓我會心一笑。很多人現在才「發現」冥想，其實冥想的歷史悠久，影響深遠。有些歷史學者推測人類發展初期就會看著能提供生命能量的火焰來冥想，這在五千年前就記載於印度典籍中，其後於西元前五百年經由佛陀推廣而普及。你不需要從事靈修才能冥想，但我們相信宇宙有更高的力量，對我們來說冥想可以和那股力量產生連結，不管你認為那是上帝、意識或宇宙。當我冥想時，我覺得這股更高的力量將我們連結在一起，讓所有人結為一體。

冥想帶給我的益處包括讓思想更清晰、思考更集中、更瞭解自己、並能減輕壓力，過去這幾十年已經獲得科學證實了。研究指出不是少數人才能好命。其實任何人只要願意花時間冥想就可以獲得上天賜福，冥想的次數愈頻繁，益處愈多。

九〇年代初期冥想的研究興起，達賴喇嘛邀請威斯康辛大學的腦神經科學家理查·戴維森（Richard Davidson）拜訪印度達蘭薩拉（Dharamsala），訪問冥想多年的僧侶。在那之後，戴維森和他的同事研究了許多佛教徒，包括初學冥想者和規律冥想者。這主題相當罕見，但研究發現認為冥想確實能改變腦部的結構和功能——愈常冥想，腦部的變化愈多。研究人員利用功能性磁振造影（fMRI）發現長期冥想的人和新手比起來，腦中負責注意力區域的活動比較活躍。簡言之，他們比較能集中注意力，不容易分心，也不太受日常生活的紛擾影響。設定目標需要集中注意力，沒有別的技巧。相反地，冥想時間最長的人（平均四萬四千小時）反而腦中這些區域的活動比較少，代表他們可以不花腦筋就可維持注意力。有一種說法是他們長時間冥想讓他們能不費力就可集中精神，這成了他們的第二本能。

當我讀到這些研究時，才發現自己一直活在當下，但從未在當下覺醒。我的思緒一直在其他地方——回想前一天發生的事情或擔心未來可能會（或不會）發生的事情。結果呢？我總是找不到鑰匙、皮夾、手機。同一件事我可能會對朋友重複說了兩次。我經常忘記告訴瑟曼他要來參與哪些校園活動——等他沒出現的時候我又大發雷霆。或許我之所以覺得生活沒有意義和目標是因為心思不夠集中。我太手忙腳亂，導致我不再花時間思考我到底要什麼——醞釀我的欲望，以平安快樂的方式度過每一天。專注於當下能不能幫我找出日常生活中值得品嘗的喜悅呢？那些因為我太庸庸碌碌而錯過的美好。

我這一陣子也比較喜怒無常，冥想的研究給了我一絲希望。初期證據指出長期冥想的人比較不情緒化。他們聽到充滿情緒的聲音（如嬰兒低語或女人尖叫）時，大腦杏仁核（amygdala）的反應比較平淡，冥想新手的反應較活躍。杏仁核是腦中掌管焦慮、急躁、驚嚇的情緒中樞。換句話說，冥想可以幫你控制反應和情緒。這很合理。冥想和其他的沉思都可以有效釋放壓力，平緩神經系統，降低壓力荷爾蒙可體松（cortisol）的濃度。當沒有壓力的時候，就不太會

> 我太手忙腳亂，導致我不再花時間思考我到底要什麼——醞釀我的欲望，以平安快樂的方式度過每一天。

有激烈反應。我平常壓力一來就像伊斯蘭教的苦行僧（dervish）跳旋轉舞般團團轉，但冥想可以助人深思，做出合理的選擇。現在就立即開始吧！

加州大學洛杉磯分校的精神病學教授丹尼爾・席格博士和我在他的研究室內對話時，協助我更深入瞭解許下心願和設定目標的價值，原來他的研究室和我在聖塔莫妮卡的住處很近。我閱讀了他的大作《第七感》（*Mindsight*）之後主動聯繫他，書中寫到「開放的態度」（openness）就是接納我們接收到的各種資訊，不要先入為主地預設立場。這才讓我明白開放的態度可以幫助我們許下心願、設定目標。席格博士非常開放，他熱烈地歡迎我，而且很急著想瞭解我的書，也想討論目標與人生意義。我發現用這麼開放的態度來迎接別人可以立刻熟絡起來——這過程需要用心，那正是我想透過冥想達成的目標。

開放的態度對許下心願、設定目標也很重要，因為除非你心胸開放、廣納訊號，否則你很容易錯過重要的心得，無法連結上生命的諸多面向，而錯過了發現生命意義與使命的線索。我發現我只有身處安靜場所時才能保持開放，我必須屏除周遭雜音，不要分析每一句評語、每一個狀況。

席格博士說開放的態度讓我們可以看得更透徹。「我們會放下期待，接受事情的本質，不會想要控制每件事的發展。開放的態度讓我們有能力認知到限制發展的成見，從而釋放我們的心思。」他的話像和弦迴盪在我腦中。我知道我的心中充滿成見，讓自己畫地自限，正希望可以運用覺察（awareness），讓我能注意到心中的成見，進而脫離限制。

「自我覺知（self-knowing）不僅可以協助你了解自己的人生和使命，還可以幫助你更設身處地關懷別人。當你的心智覺醒時，你會是個更好的朋友、更好的伴侶、更好的家長，」他說，「教養孩子其實是要創造目標，**以善良和同理心身處在每一個當下。」**

我向席格博士提起我的書，並解釋我正在設定目標。「許願或設定目標就像我說的『反應彈性』（response flexibility），其實代表著行動之前先暫停，想想你有哪些選項。設定目標就像是更廣義的反應彈性——先暫停一下搞清楚人生方向。」他說，「這是第一步，先認知到你來這裡有個原因，你想搞清楚那個原因是什麼，並發揚光大。」

當我和席格博士擁抱道別時，我的心中滿是感激，腦中轉著許多重要的問題。我為什麼在這裡？我要如何讓這個原因有價值？

我們都應該思考這個問題。你為什麼在這

「自我覺知不僅可以協助你了解自己的人生和使命，還可以幫助你更設身處地關懷別人。當你的心智覺醒時，你會是個更好的朋友、更好的伴侶、更好的家長，」席格博士說，「教養孩子其實是要創造目標，以善良和同理心身處在每一個當下。」

裡？我們要完成什麼使命？我們可以做哪些更偉大的事？我們要怎麼為這個世界盡力，讓這個世界比我們發現的時候更好一點？

有一天我想專心冥想，可是有些急切的念頭一直打斷我。別忘了帶杯子蛋糕去學校！我要準備福利會議的簡報！我是明天還是下禮拜要和其他家長一起午餐？我該做的事一直闖進腦海中，打斷所有寧靜的機會。但我已經從經驗中曉得紛亂思緒的攻擊未必是壞事——我的大腦轉個不停其實正說明了我就是需要好好坐下來十分鐘。

我張開眼睛，讓自己想一想待辦事項。幾分鐘之內，我的心跳加速，完全可以感覺到壓力荷爾蒙可體松在血管裡流竄。什麼事情讓我壓力那麼大？我感覺到無法承受，對，有壓力，但不只是壓力，我覺得……很內疚。因為我攬了太多工作在身上而歉疚；因為我每件事都做不好而歉疚；因為我不夠關注孩子、瑟曼和工作而歉疚。**那妳呢，瑪莉卡？有個細微的聲音問我。妳是不是也不夠關注自己？**

我想起席格博士說成見會侷限我們的發展。在各種限制我們發展的成見當中，對媽媽來說愧疚感應該是第一名。我記得雪柔・桑德伯格（Sheryl Sandberg）在她的書《挺身而進》（*Lean In*）中討論過這個主題：「對媽媽來說，內疚管理和時間管理一樣重要。」內疚管理？好特別的概念！我從床頭桌上抓起這本書，重讀這個章節。在那一章的最後，她說，「與其追求完美，我們應該設定可持續與滿足為目標。正確的問題不是『我能兼顧一切嗎？』而是『我能為自己和家人做最重要的事情嗎？』」

我讀到這段文字的時候才發現，我不應該為了行事曆上的所有活動而焦慮，我可以直接說「不」。這個字，擁有強大的力量。填滿行事曆、加滿壓力沒辦法幫我設定目標——不只是因為我沒時間，更因為我沒有足夠的氣力。為了繼續寫這本書，我要完成許多深度研究，但卻覺得精疲力竭，我發現我不必自願參與學校裡的所有活動。演講邀約我也可以篩選。偶爾可以對朋友說我沒辦法參加家長聚餐。這個念頭讓我覺得又解放又害怕。我相信說「好」的力量——可以擁抱來到我生命中的機會。但或許需要更專注在我已經答應的活動，別再繼續答應更多活動。

我認識的每一位女性都應該接受這個挑戰，試著說「不」看看。停工的時間增加了，我們都可以更專心，而且有效地設定生活目標。這可以幫助我們看清楚哪些時刻必須說「不」——為我們自己、為我們的家人、為了不把自己搞瘋——把時間體力和機會留給那些我們真的想大聲說「好！」的活動。

隨著日子過去，我愈來愈認真篩選我自願參加的活動，和我接受的邀約，我已經可以看到我多了許多時間。天沒垮下來，沒人指責我是糟糕的媽媽。至少目前還沒有。我的壓力稍微減少了一些，我開始產生新的想法，想知道我參與的活動中，什麼活動會讓我喜悅、放鬆、有成就感？我要答應什麼活動？我要答應誰？

我列了一張清單，上面的活動都很誘人：和朋友走在沙灘上。和瑟曼吃頓早餐再展開忙碌的一天。聽起來很悲哀，我真心想做的事其實沒幾件。

為了尋找靈感，我觀察我最幸福快樂的朋友喜歡做什麼，有一項活動特別受青睞：瑜伽。他們全都熱愛瑜伽，通常這是我們送小孩上學之後他們討論的第一件事。他們會討論他們上的課、他們喜歡的老師、他們上課的時段。這種話題每次都讓我很不自在，因為我和瑜伽不合。這只是用比較委婉的方式來表達我瑜伽做得很爛。

我不介意當菜鳥，但瑜伽的狀況不一樣。因為父親的關係，每個人都以為我身體很柔軟，很會做瑜伽。事實上，我連下犬式（Adho Mukha Svanasana）都做不好。我最要好的朋友卡拉建議我們組個女生團一起上瑜伽課的時候，我立刻翻了白眼。

「什麼，妳不喜歡瑜伽嗎？」她驚訝地問。

我對瑜伽如此遲疑一直讓我覺得很難為情，始終沒對人說起，直到這一刻，連我的好朋友都不知道。

「不怎麼喜歡，」我又內疚地加了一句，「但，我或許應該要喜歡。」

「嗯，我很希望妳能加入，」卡拉繼續說，「不管妳的程度如何都可以，這堂課超級隨意。瑜伽跟表現好壞無關。重點是發現妳的極限，開始內省，就像身體的冥想一樣。」

「我會考慮考慮。」我答應她。我真的考慮了。後來那天在冥想的時候，我的心思很冷靜澄澈，我把瑜伽的優缺點都列出來比較。

缺點：我不擅長，這讓我很不自在、很難為情。

優點：瑜伽符合我的目標。這是健康的體能活動，可以讓我感覺更有精神，而且我希望，做瑜伽能幫助我減輕壓力。和卡拉與其他媽媽朋友一起做瑜伽應該會很有趣，讓我能好好地與她們建立連結，和朋友共有有意義的經驗。

我願意放下自尊來體驗這個健康的活動嗎？瑜伽能帶給我更多喜悅嗎？幾個月前，這答案肯定不一樣。但現在我決心要檢視我的選擇、豐富我的生活，我發現答案只有一個：會。

隔天我見到卡拉時，我說，「我也要報名。」

「耶！」她抱著我說，「妳不會後悔的。」

我開始在午後冥想，再去接女兒放學。原本這時間我都在忙著工作，像無頭蒼蠅般團團轉。在這時段裡加上冥想代表工作時間結束，該開始媽媽的責任了。而且，每天固定時間的冥想讓我更容易把時間撥出來；這逐漸成為我生活中自動自發的一部分，就像刷牙或洗臉一樣。

但冥想的過程還是很難，不像以前那麼輕鬆。或許現在因為我的責任較多，所以生活變得比較複雜。我的思緒經常紛亂到想平靜下來都不可能，能讓我頓悟而得到啟發的時刻少之又少。我一再地提醒自己有這些想法沒關係，光是以冥想的姿態坐著就值得了。集中注意力，放下雜念——就可以感受到美好有價值的生活。況且，冥想需要練習。冥想沒有終點，也沒有練就的一天或登峰造極的時刻——就連佛教僧侶冥想了多年也還是要持續練習下去。

佛教徒把冥想新手無法集中精神的現象稱為「心猿」，因為思緒一直浮躁不安，就像精力過盛的猿猴一樣。靈修導師傑克·康菲爾德（Jack Kornfield）則用狗來比喻。他說冥想就像訓練小狗。

「你把小狗放下來說：『不要動』。狗狗會聽話嗎？狗狗反而立刻站起來跑走。你再把小狗抱回來坐著說：『不要動。』小狗又跑走，一直不斷跑走。有時候小狗會跳起來，跑到旁邊，到角落尿尿，或是調皮搗蛋。」康菲爾德說我們的大腦在學習冥想的時候也一樣——我再度學習冥想時可以完全體會這感覺。我的大腦像小狗一樣一直跳起來追尾巴；如果可以，我相信我的大腦也會跳起來在角落撒尿。

康菲爾德說，訓練大腦就像訓練小狗，你必須一次又一次重來，這需要關懷（compassion）。我會關懷我的孩子、丈夫、甚至所有的朋友和親戚。但我有關懷自己嗎？很少。所以我在我的挑戰清單上加了疼愛自己。如果某一天我沒冥想，或是冥想的結果沒有很好，我必須告訴自己那沒什麼大不了。規劃目標需要時間和耐心。總有明天可以再將事情做得更好。

和卡拉一起上瑜伽課得到最大的驚喜是：享受。到了第二堂，我已經不在乎自己是全班身體最僵硬的人，反正也沒人在乎。大家都專注在自己的挑戰。我的自尊心不礙事之後，我便進入了新境界，在變換姿勢時更注意身心。我發現瑜伽的身體律動正是思考與規劃目標時所欠缺的元素。我專注呼吸，釋放頸部的壓力，伸展四肢，維持姿勢穩定。瑜伽給身體的益處讓我的生活更開闊、更懂得察覺內在，而冥想是讓我更冷靜、更穩定。瑜伽給了我一種新的方式來體驗當下，設定體能的目標，在維持姿勢的時候保持耐心。我發現有時候細微的調整就能讓動作輕鬆許多，這個過程讓我學到了新方法來達成冥想的目標。然而瑜伽也需要耐心。我不是立即就可以完美地做出下犬式，但在不斷調整後確實變得比較舒服了。就像冥想一樣，瑜伽讓我幾乎一做就做出心得。

有一天，大概在我們每週瑜伽課開始了一個月左右，我站著做樹式（Vrksasana）時，我發現我的腳跟踩穩，不像平常那麼抖了。這時我才明白，其實尋找身體的平衡就象徵著尋找餘生的平衡，而且更是一種尋找人生平衡的練習——在答應與拒絕之間平衡，在歉疚與喜悅之間平衡，在做別人的事與做自己的事之間平衡。就定義來說，平衡本來就是一個不確定的狀態——難以維持、容易失衡。直到現在，我還是經常覺得內疚（又來了）因為我的生活紊亂無比。好像我應該隨時保持完美的姿勢，穩定而集中。但那天在做瑜伽的時候，我發現我們都會經歷過搖搖晃晃的階段，不太確定自己在做什麼，這不見得是壞事。當我們充滿自信、堅強、穩固紮根的時候，就不會有改變。不確定的狀態有個好處，就是刺激我們想要扎根得深一點——反省我們想要什麼，然後設定目標——找到勇氣來創造不同的道路。

有目標的生活：反省與練習

許願或設定目標時需要安靜沉穩，把心中的雜念沉澱下來，感覺自己和更深層的靈魂對話。這也能培養創意，因為我們打破了平常做事的模式，發現新的可能。

1. 每個禮拜去爬山或健行。不要聽音樂或有聲書，聆聽自然的聲音。

2. 每天至少保留十五分鐘，什麼事都不要安排。你可以聽你最喜歡的歌曲、彈鋼琴、跳舞……做任何讓你開心的事。

3. 如果你從沒試過瑜伽，報名一堂課試試看。如果你本來就練得很認真，下一堂課試著關掉音樂或任何刺激。或者用不同的方式做瑜伽。認真地注意呼吸，還有瑜伽為身心帶來的開放感。

4. 如果瑜伽不適合你，可另外找一個可以讓你在律動時也能專心的活動，像是太極、氣功，甚至舞蹈課。注意你的身體動作會如何影響心思。

活出目標的練習：冥想

基礎冥想的方法很簡單：

☆ 在鬧鐘上設定五分鐘，選一個柔和的聲音，輕柔的鈴聲或是大自然的聲音，例如鳥鳴。

☆ 我建議最理想的冥想練習是一天兩次，上午和傍晚各一次，每次二十分鐘。但如果這是你第一次冥想，或你很久沒有冥想了，那先從五分鐘開始，一天一次就好。你可以在習慣坐姿後每週增加五分鐘。但如果你不能每天冥想，也不要給自己愧疚感！

☆ 若你願意，你可以創造一個冥想的空間。雖然不一定要有蠟燭或禪坐區，但這些小物可以幫你營造空間感，改變心情和心態。挑選你想要的照片、人偶、水晶或自然的物品——落葉、花朵、漂亮的石頭或貝殼來象徵改變。布置的方式只要你看了開心，或對你有意義就可以。

☆ 選擇舒服的坐姿。坐在椅子上，或在地上放冥想坐墊。要舒服但不散漫，所以不建議躺下。坐直，保持脊椎挺立，但放鬆身體就像絲質的外套垂掛在衣架上一樣。深呼吸幾次，稍微調整姿勢讓自己舒服一點，然後閉上雙眼，讓呼吸落入自然的節奏。

☆ 將注意力集中在呼吸，感受空氣進入身體、離開身體。

☆ 思緒飄遠的時候，只要注意發生了什麼事，然後再溫柔地把注意力拉回到呼吸上。

☆ 運用「我在」（I am）就可以輕鬆冥想，幫助你集中精神，避免思緒一直飄走。

·閉上雙眼。
·深呼吸幾次，連結你的身體，融入環境裡。
·吸氣的時候在心中默念「我」。
·暫停。
·吐氣的時候，在心中默念「在」。
·繼續重複。
·我。
·在。
·我。
·在。
·幾分鐘之後，不必再默念「我在」，但仍繼續吐納，然後暫停，感覺身體有哪些感受。
·準備好就可以張開雙眼。
·手邊準備一本日誌，把任何想法、心得、觀察都記錄下來。

第三章

察覺

我和朋友蘿蜜講電話聊天的時候說起我很在意我的體重、糟糕的飲食習慣、過度依賴咖啡因和糖分，而且又缺乏運動。

「我懂。我也有同感。」

「其實呢，」蘿蜜說，她正要報名參加馬里布健身營，為期一周，在休閒會館參加各種健身和休閒活動。

「或許妳應該和我一起報名。」她建議我。

我直覺反應是不要。噢，口氣還要更強烈一點。我才不要。

我才不是那種會去參加健身營的人。我不是會去上課的那種人。我連父親在喬布拉中心開的研討會都沒參加過。但我還是按捺著衝動改口說：

「我會認真考慮看看。」

這陣子重新開始冥想後我有了一些進步，比較不會一股腦兒地直接反應，會先考慮一下，並注意自己對環境和狀況的反應。要活得有目標，察覺很重要——注意內在身體的變化、情緒的變化、反應的變化。但同時也要注意外在的機會與巧合——等我有時間思考的時候，我看得出來蘿蜜的建議其實是個好機會，讓我更清楚我的健康狀態。

我打開健身營度假中心的網站來看。很昂貴、很奢華，就如我所擔心的一樣——這不是我平常會去的地方。但一個禮拜只專注於健身的活動正符合我的需要：這個機會讓我可以更了解健康飲食、更清楚自己的習慣，並開始規律運動。

我傳了簡訊給蘿蜜：我們報名吧。

因為這樣，我才會在秋高氣爽的日子裡沿著馬里布山區陡峭又狹窄的小徑，氣喘吁吁地往前行，心中納悶著我怎麼會自尋死路。這是健身營的第一天，我已經萌生退意了。

「妳還好嗎？」蘿蜜慢下步伐等我趕上。雖然她比我大八歲，她的體能卻比我好。

我點點頭，但其實我心裡不確定自己能不能撐過這一個禮拜。還沒參加營隊之前，在準備階段我就逐漸減少咖啡因攝取量——從每天五杯茶、兩杯含糖的雙份瑪奇朵減少到一杯茶意思意思。在這過程中，我發現我感覺好多了，聽起來很反直覺，但少了咖啡因之後，我反而比較不累，比較容易集中精神。我也盡量避免甜食，雖然我昨天才吃了一個杯子蛋糕——那像是我赴戰場前的最後一口慰藉。至於健身，我沒什麼準備，這讓我很緊張。如果這禮拜的運動讓我吃不消怎麼辦？

我也不確定自己的情緒受不受得了。我從來沒離開丈夫和孩子這麼久，這讓我很害怕。我擔心我會很想他們。如果我不在的時候突然發生了什麼事怎麼辦？如果他們生病了或需要我的時候該怎麼辦？

妳又不是要去月球，我提醒著自己並且逼迫軟弱無力的雙腿繼續往前。

那天晚上七點四十五分，所有人都累癱了。「這是我生命中最難熬的一天。」有個夥伴在睡前哀嚎著。這營隊總共十七人參加，其中十六個都是女性，年紀都落在四十或五十歲出頭。雖然大部分的人看起來都比我苗條，但我今天發現痛苦的不只我一人。所有女性成員都不滿意她們目前的生活型態，想要做出改變，活得更健康，所有人在這一天結束後都垮了。說句公道話，我們這十三小時內的運動量比過去一個月累計起來的還多：一早伸展課就包括了平板式和下犬式，後來又健行了兩趟，下午的課也很扎實（核心、懸吊訓練、腹部運動、瑜伽），難怪大家都累趴了。

儘管疲倦，我想到我完成了那麼多體能活動還是很開心——可是興奮之情在我打電話回家的時候就瞬間消退了。泰拉接了電話，一聽到我的聲音後，原本平靜的她在一分鐘之內開始啜泣，最後抽抽噎噎的。她這一陣子不好受——荷爾蒙的變化加上情緒敏感，讓她一直覺得很脆弱。或許她要我回家。我感覺到我留在健身營的決心被沖進排水管裡了。

我和她說話時，我得深呼吸並壓抑著說出「我馬上回去！」的衝動，然後，就在我們要掛電話之前，我說我早餐吃了一條堅果燕麥棒配杏仁奶——她立刻歇斯底里地大笑。

「騙人！妳怎麼會吃那種東西？我不相信！」

就這樣，她又恢復成平常那個開朗的孩子了。我忽然明白，她的情緒起伏有一部分是因為我。她討厭我不在身邊，即便只是過個夜，所以她很清楚怎樣激發我的愧疚感。這是個很重要的教訓。我不必總是把她青少年的小脾氣看得那麼重。這也提醒了我來參加健身營的理由。如果我吃了健康的早餐都可以把我女兒逗樂，那我平常的飲食習慣到底傳遞了什麼觀念給孩子呢？

那個禮拜在一連串健身運動、營養課程、按摩放鬆和素食餐飲中度過——我愈來愈喜歡蔬食，泰拉和莉拉樂見我的改變，但也感到非常困惑，畢竟這不是我平常愛吃的東西。到了最後一天，我覺得自己更結實、更強壯、更輕盈，也準備好要為自己和家人做出許多健康的決定了。我瘦了三點五公斤，腰圍小了好幾公分。這七天來完全沒攝取糖分，還徹底戒掉咖啡因。我注意到戒糖、戒咖啡之後帶來的好處：我的思維更清楚，而且我比較有元氣。儘管我第一天很擔心，但我不只撐了過來——現在我覺得棒透了。

健身營的最後一天，我們寫信給自己，營隊人員保證六個月後會寄回給我們。我封上信封的時候，向宇宙祈禱：**希望當我收到這封信的時候，我將離目標更近了。**

我們最後一次健行朝聖塔莫妮卡山區最高峰走去。我仍然落後，不禁有點失望。心中有一部分希望能追上腳程比較快的那群人，但我不氣餒，放下好勝心，單純享受當下：溫暖的空氣、湛藍的天空、巉峭的岩石，還有訓練出來的肺活量和腿力，全都值得珍惜。

當我接近當天健行的重點，狀似佛陀的巨礫——平衡岩（Balance Rock）時，我慢下腳步，最後停下來。這塊岩石立在一個陡峭的點上，不管從哪個角度看起來都不夠穩當，非常危險，好像重量分配不均，隨時會傾倒。可是這塊岩石卻找到了巧妙的平衡，穩穩地坐落在這高風險的基礎上歷經風吹雨打。

老實說，沒有比平衡岩更能表現我人生當下想完成的目標了：難以理解又難以實踐的平衡。不過，眼前的景象又如此真實——無法置信但千真萬確——是由大自然的壯觀奇景表現出來。

宇宙，謝謝你。我默默地笑了，然後又繼續向前走。

後來，當我結束健行以後，我發現那些腳程較快的人因為走得太快了，根本沒看到平衡岩。其實**旅途即終點**——要我們放慢腳步才能留意周遭風景。當我們慢下來去察覺，宇宙就會給我們需要的訊號。我很確定平衡岩出現在我的路途

當我們慢下來去察覺，

宇宙就會給我們需要的訊號。

中一定有原因——代表我朝著正確的方向，最終會引領我活出更圓滿、更富足的人生。

我回到家的第一個晚上，就昏昏沉沉地睡了一陣子，腦中有很多不同的想法紛紛浮現，其中印象最深的是我們的內在對話，還有注意我們在想什麼可以幫助我們擁有不同的心情、行為、互動和生活。我和高森小時候就跟著父親學習去察覺我們的想法，並注意我們說的話會如何影響我們自己和身旁的人。

我一想起這件事，腦中的燈泡就發出了微光。我一直都知道自我覺知對於設定與實踐目標很重要，這也就是為什麼我認為察覺是完成目標過程中的第二步。

在我半睡半醒之際，我接收到許多模糊的想法。我覺得肚子有點脹氣。或許跟我在健身營中攝取的纖維有關。我朋友怎麼會找到那份好工作？為什麼是她被錄取？如果我沒辦法完成我的書怎麼辦？如果我的書寫得很爛，大家都很不喜歡怎麼辦？我打從內心不喜歡我們現在進行的專案。那不符合我這間公司的宗旨。我不是老闆嗎？為什麼我覺得我沒辦法控制自己的命運？

天啊！健身營給我的冷靜和魔力去哪裡了？我的表面意識之下真的有這麼多雜念嗎？這就好像有人拉開了窗簾，讓我看到靈魂深處像蜘蛛網般錯綜複雜的意念——但我可不喜歡這畫面。我內心的幽暗深不見底，讓我略微吃驚，而且沒想到我竟想拉上窗簾，忘記剛剛瞥見的畫面。我今年雖然打算完成很多事，否認可不在清單上。這才發現健身營雖然可以用愉快的方式逃離現實，而且提供我許多協助，但那畢竟不是真實世界。我現在需要在我的生命中，就在家裡，用有效的方式找到自己的營地。我們都需要時時內省，建立一個覺知的勝地，讓我們可以重新連結、重新充電、重新投入。

我不想要逃離我的人生，想要提升我的人生。察覺我的心念還有我的心思是如何影響日常生活大小事，這絕對是個好起點。我下了床，從包包裡拿出日誌，寫下這些字：**我會繼續察覺心念，並留意自己多常出現負面想法。**

然後我從床邊桌上抓起艾克哈特．托勒的《一個新世界：喚醒內在的力量》（*A New Earth: Awakening to Your Life's Purpose*）。我想尋求他的智慧，翻開書頁就剛好看到某段副標是：「像背景般的不快樂」：

除了比較明顯的負面情緒，如憤怒、仇恨等等，還有一些負面情緒比較細微，並且時常出現，但通常我們都沒發現，像是不耐煩、易怒、緊張，還有「受夠了」。這種情緒就像是背景般的不快樂，很多人的內心經常是這樣。你需要極度敏銳並且專注當下才能察覺這些情緒。每當你察覺到這種背景般的不快樂時，那就是覺醒的瞬間。

健身營結束的那幾天，我一直默記著我的自言自語，不管是我冥想時或平時對自己說的話——我觀察到幾件事。首先，我的對話充滿了各種怨言：**好累，要做的事情太多，受不了，一直趕，好忙，壓力好大，累死了。**我聽見自己慘兮兮地說沒時間運動、沒時間想晚餐要煮什麼、沒時間付帳單或沒時間買菜；可是卻能花一兩個小時玩不用大腦的電動，或在網路上看名人八卦。我不斷地抱怨自己有多忙，可是等一天結束時，我經常回頭看，卻不曉得時間都花去哪兒了。我一直在做事，又喊著要做的事情太多，可是卻一點成就感都沒有，成天發牢騷。我已經成了牢騷之后、藉口之王。噁。

明白了這一點讓我很不舒服，但這很重要，一定要多注意。專心的過程中有個關鍵，就是觀察時不要有成見——察覺自己的時候不需要責備自己。我必須要能注意到這些不吸引人的想法，才能盡量減少牢騷，讓日子充滿更多正面想法。當我開始建立起察覺心念的習慣之後，發現我對別人的錯誤和失敗很有耐心，但卻不容易接納自己的錯誤。事實上，我愈來愈注意我的心念，並發現懲戒自己的衝動幾乎是反射動作。就連我已經發現自己的念頭開始偏往負面的方向時，都會馬上批評自己怎麼那麼負面。我訂下目標：注意到這種念頭之後就要放下，釋放負面想法，而不要留在心上或反覆分析。

日子漸漸過去了，我試著觀察自己的內在體驗，而不譴責——當我開始批評自己的時候，我就心想：**哦，真妙，我開始說自己的壞話了。**點名叫出我們的行為真的可以將這些行為造成的情緒傷害降到最低。據席格博士表示，這可以從生物學的觀點來說明。他在加州大學洛杉磯分校的同事進行了一份研究，並表示當你說出你的情緒或經驗時，可以平緩鎮定腦中負責處理情緒的邊緣系統（limbic System），這部位就是當我們察覺到威脅時會決定要單挑或逃跑的部位。我以前有很多類似的經驗，尤其在職場上，當我擔心會讓客戶或投資人失望的時候，我腦中的小劇場就開始抱怨或發怒，使得血壓上升，心臟開始狂跳。但其實什麼事都還沒發生。我察覺到這些症狀，點出我的恐懼——我怕讓客戶失望——然後我就可以深呼吸後，再採取行動。

講到負面情緒，席格博士說，「你需要給它一個名字才能馴化它。」我很愛這個比喻。我在練習命名和馴化負面情緒的技巧時，注意到另一項好處。這讓我可以和我的心念保持一點距離，協助認知到就算我偷偷在心裡碎碎念，或是說些難聽的話，這都不代表我在指控自己是個壞人。這些想法來自我的心中，但這不能定義我是什麼樣的人。

這對我們所有人都適用。我們該停止說自己的壞話了，不必每次有負面想法的時候都覺得很丟臉。當你坐下來聽自己腦中的聲音時，你察覺到了什麼？你準備好要接受腦中的聲音，停止說自己的壞話，然後真正地釋放負面想法了嗎？試試看，先從一次丟掉一句牢騷或批評自己的話開始吧。

> 當你坐下來聽自己腦中的聲音時，
> 你察覺到了什麼？

我持續冥想，並察覺情緒加以命名、馴化，我漸漸地愈來愈擅長觀察心情與心思的變化，所以我進階到觀照我自己和人生全貌，不只是內在的風景，而是認真地觀察生活，包括所有不滿意的小地方。剛開始我的發現一點都不意外：我很累。就算我晚上睡滿九小時，白天還是很難打起精神，好像我揹著裝滿磚頭的背包一樣。

儘管我會去按摩或健行，而且也開始健康飲食了，還是體重過重而且體能過差，雖然不是很嚴重，但在這方面絕對稱不上達到目標。我持續每週上瑜伽，我很熱愛瑜伽課，不過一週一堂沒辦法大幅改善健康狀況。當我走上坡路或爬樓梯的時候，還是有點上氣不接下氣。有一天上午當我打開衣櫃，發現自己會刻意避開幾件最喜歡的衣服，因為我知道它穿起來太緊了。

一旦察覺到這現象就停不下來。有一天在開會的時候發現，我竟然養成習慣雙臂交叉、雙腿交疊，這姿勢完全無法傳遞溫暖或表示願意溝通。我花了幾分鐘調整身體。感覺好像在壓抑我的緊張情緒和壓力——或許也擋住了其他人的想法和能量。我馬上用「包很緊」來描述自己。我鬆開四肢，讓手腳自然下垂，這簡單的動作就讓我感覺放鬆、友善，而且更願意接納別人的想法。就好像我的身體細胞在告訴大腦「好，退下，威脅解除了。」但哪來的威脅？

我和我在意的人之間，關係並沒有顯著的改善。儘管我很喜歡和女生朋友一起做瑜伽，但卻和其他朋友生疏了，這讓我很困擾。我和最親密的朋友失聯了，而和丈夫的對話只剩下1.埋怨我的生活、2.協調孩子的活動。瑟曼週末要去舊金山開會，當他建議我帶小孩一起去的時候，我就央求他不要，拿做不完的待辦事項當藉口，甚至還氣他竟然開這個口，把壓力都放在我身上，他明知道我週末只想發懶，什麼都不想做。這時我突然有個糟糕的念頭：其實我根本沒有什麼事要做！這才發現我只想讓他難受愧疚。但是為什麼？我不知道。或許我氣他可以自由分配時間，我卻沒辦法。或許我埋怨自己，見不得他日子好過。

當我練習察覺之後，有愈來愈多新發現。我經常喝斥小孩，我一直把「趕快！趕快！」掛在嘴邊。我覺得很氣餒，尤其是和莉拉相處的時候，她本來吃飯、走路、説話都特別悠哉。我對她不耐煩時就會忍不住教訓她，然而事後又懊悔萬分。我最喜歡她的地方就是她很細心，那是她迷人甜美、獨一無二的特質。我很羨慕她凡事都可以依自己的節奏進行。

難道是因為我沒辦法凡事都可以依自己的節奏進行，所以和她相處時才那麼氣餒？

就如艾克哈特．托勒所説，注意到我隱藏在背景下的不愉快情緒是一回事，看清這些情緒如何影響我重視的關係則是另一回事。我必須找個方法讓自己改變。

我在臉書上瀏覽朋友動態的時候注意到一則關於感謝的文章連結。真妙，**我常常想著要心存感激。**在所有宇宙傳遞給我的訊息裡，這一則還真是不明顯。但我還是點開連結，因為這主題在呼喚我。那連結導向一篇《紐約時報》（*The New York Times*）的報導，文中提到了心理學家羅伯・艾曼斯（Robert Emmons）與麥可・麥寇樂（Michael McCullough）進行了許多關於感謝的研究，並發現當你每天寫感謝日記，把心懷感激的事項寫下來，就可以活得更幸福、更快樂。參與這項研究的人也說他們開始寫感謝日記之後，心理問題減少了，運動量增加了。我想起了我的堂妹卡妮卡。卡妮卡和她的丈夫薩拉與兩個女兒安亞、米拉每晚吃飯前都要輪流說出三件他們感激的人事物。她曾經說這麼做讓大家都更有禮貌、心胸更開放、連結更緊密。

我在好奇心驅使下連到了亞馬遜網路書店，訂了羅伯・艾曼斯（Robert Emmons）的書《愈感恩，愈富足》（*Thanks!*）。他說短期內，每天心懷感激就更容易感受到愛、寬恕、喜樂和熱忱。若建立起感謝的習慣，事事感激，你就可以感受到所有提升生命的情緒，還可以保護自己不受負面情緒侵擾，如嫉妒、憎恨、貪婪、苦悶。書中有一段寫到：

我們發現心懷感激可以大幅增加享受美好事物的程度——欣賞別人、感恩天地、享受人生……心懷感激可以提升生活的層次、可以注入生命的能量、可以激發生活的靈感、可以改變生活的現況。很多人在表達感激後被感動，更能敞開心胸，或更加謙卑了。心懷感激讓生命更有意義，因為感激讓我們將人生視為一份禮物。

我怎麼沒把現在的生活當成一份禮物呢？我一直很在乎感恩的力量，我也時常向同事表達感激。但我就不常感謝丈夫和孩子了，我也不太珍惜我的福氣——這似乎很瘋狂，因為我的人生中有這麼多需要感激的人事物。讀了羅伯．艾曼斯的書讓我明白感激不只是一個值得培養的習慣，還是一帖強效的藥方——甚至能替我的心智排毒。

我們的想法會影響情緒，情緒會影響選擇，選擇會影響我們的經歷，這其中關連很明確。我們有能力徹底翻轉——而且，根據席格博士的著作，我們甚至可能改變大腦。

他說，每次當我們起心動念，就會啟動腦中的神經元。如果我一再產生同樣的負面想法，我就是在強化這些神經元的連結，這樣我的大腦就愈來愈容易走同樣的路徑。但如果我調整想法，事事感恩——或將雜念取代為希望、快樂、愛——我其實是在強化幸福的神經迴路。換句話說，當我明白地選擇將注意力集中在符合人生目標的情緒上，便可以改變大腦的結構，讓我的心智更符合我想成為的目標——更快樂、更體貼、更冷靜、更關懷他人。

我決定要試一試，當做察覺心念的一部分。我開始列出我所感激的人事物——一天一天過去，我的清單愈來愈長……愈來愈長！我優秀的小孩、慈愛的父母、給我支持的丈夫、給我靈感的朋友、財務安全感、頂尖的教育、堪用的身體、孩子的老師、調皮的小狗尤達大師，這些都是大項目。沒多久，我就開始注意到小事情了：南加州宜人的氣候、農夫市集裡可口的農產品、我們社區裡那繽紛的花樹、灑進廚房裡的陽光。我寫下我感激的一切，當下筆的時候，花了幾分鐘讓感激之情充盈在腦中與心中。我真的很感激，整個人浸泡在感激之情裡。

在那幾分鐘之內，我心中厚重的窗戶打開了，陽光傾瀉而下。

心懷感激提醒了我一件很重要的事，父親在我和高森小時候曾經告訴我們，當我們抱怨功課或家事時，想法便會塑造現實。

「如果你仔細觀察，就會發現人生中一切由心造。如果你覺得念書很無聊，那念書就會很無聊；如果你覺得念書很有趣，那就會很有趣。這是你的選擇。」他這麼對我們說。

當我們惹怒對方爭執不休的時候，他會訂下規矩：不可以批評、責罵、或埋怨。他建議我們去「察覺你有什麼感受」。

我和高森都是很好勝的孩子，所以父親設計了一場比賽，看誰先抱怨就輸了。弟弟的絕技就是不敲門直接闖進我房間，希望我會向母親告狀，說他真的很討人厭。我當然不能落入他的圈套，否則就輸了。（我現在當媽媽了，就可以看出我父親的策略多麼精明。他既可以把握機會教我們改變心情的重要技巧，又可以減少孩子爭執，真天才！）

這方法很有效——不只讓我們相處更融洽還改變了我們的心情。當我和高森比賽看誰能不抱怨的時候，我們相處起來更歡樂。任何小事都可以逗得我們開懷大笑，我們對彼此更友善，並用正面的觀點來看待問題。

但是在青少年時期或成年以後，我忘記了這件寶貴的事情。或許是我與生俱來的悲觀性格使然，或我這幾年來逐漸認為抱怨比釋放正面能量容易。總之，我打算重新認知這件事。所以我開始一個人玩「抱怨就輸了」的遊戲。當我買菜時被困在又長又慢的結帳隊伍裡，前面那女人又跟收銀員聊個沒完，或是一直在翻皮包找錢，心中就開始煩躁，這時我察覺到了自己的心情，然後想著這時候我有什麼好感激的？但我只要朝購物車瞄一眼就有了答案。我看到了富足——鮮美的水梨、草莓、蘋果、可口的羊奶乳酪、我最喜歡的甘藍菜等一下可以做沙拉。當我再抬起頭看那女人，我注意到她年紀較長——比我原本想的要再老一點。我心情煩躁的時候其實沒認真觀察她，現在我看得出來她簽名的時候手在顫抖，還有點步伐闌珊。忽然我對她溫柔了起來——而且我很高興她還能自己買菜，經濟無虞。在我們這個急驚風的文化裡，老化不是一件輕鬆的事。我朝收銀員微笑，她對那老太太很包容、很友善。「謝謝妳那麼有耐心。」我說。她的臉亮了起來。「我喜歡和大家說話。」她說。「這是我工作中最棒的部份，否則，我只是重複同樣的動作。互相關懷才是這工作的重點。」

還有一天，我快來不及參加會議了，我馬上就開始責備自己。為什麼這麼笨？為什麼不早點離開家？為什麼不選另一條路？這時候我察覺到了我的想法。糟了，我心想著，我又來了，我又在批評自己了。但我停止責備自己，重新回想這狀況，跟自己說沒關係。大不了就是遲到十分鐘。但當我抵達會議的時候——我已經遲到了，就和預料中的一樣——我環顧周遭，看大家的臉，我才曉得為什麼我那麼緊繃。我浪費了他們的時間。這太不尊重他們了。對我來說，這不是準時或遲到的問題，而是我夠不夠體貼我在乎的人。我想要重視我的承諾和與人之間的關係。就像超市的收銀員，這是我工作的價值所在。所以我誠懇地向大家道歉，沒有找冠冕堂皇的藉口（那是我以前常用的伎倆）。會議室內的緊張氣氛消散了，大家笑了。我覺得很棒，我承擔了自己差勁的行為——然後在獲得原諒之後如釋重負。

這件事讓我想起我曾經在羅伯・艾曼斯的書中讀到感激與社交互動的關係，所以當我回到家，便翻開書找到這段話：「內觀指自我反省，可以幫我們『看到每段關係裡互惠的本質』。」羅伯・艾曼斯引用《內觀：感恩、恩典與源自日本的自我反省術》（*Naikan: Gratitude, Grace, and the Japanese Art of Self-Reflection*）作者葛瑞格・克雷齊（Gregg Krech）的話：「有些事情會造成別人的苦痛，如果我們不願意看到或接受，我們就沒辦法真正地了解自己，也沒辦法體會生命的恩典。」

讀到「生命的恩典」這個詞時，讓我停了下來。我開始思考著生命的恩典來自何處，然後我發現大多是來自其他人，我的朋友和家人給我生命的意義，還有很多日常生活中和我互動但是沒有名字的人：不久前在飛機上幫我把隨身行李抬到頭上置物箱的人，我走在街上連自己的鑰匙掉了都不曉得，有個小男孩撿起鑰匙，追過來還給我；在高速公路上讓道給我讓我們能下交流道的駕駛。為了完成我的目標，支持我的朋友和家人，還有萍水相逢的陌生人，我必須更心存感激，不只是感謝他們給我的禮物，我也要更清楚地意識到我給了他們什麼禮物，或者我用什麼方式傷害他們、激怒他們、讓他們失望。這挑戰很艱難，我或許沒辦法完美執行。我想用心懷感激和互相支持的方法與人互動，這念頭在我靈魂深處產生了共鳴。

我們都有很多事要感激——通常是最不放在心上的那些事。我相信我們應該每天都試著去回想。你要感激什麼？還有哪些你當作理所當然的小事其實能讓你的生活更特別、更充滿活力、更充滿魔力——這些會讓你的生活更輕鬆？

或許是因為我愈來愈清楚地感激周遭的人事物，又或許是因為我在心裡玩起了不能抱怨的遊戲，連續幾週後覺得自己變得更樂觀了——壓力減輕了不少、精神更集中、想法比較不負面、比較常懷抱希望。我離活出目標又更進一步。當我搭乘飛機前往紐約採訪聯合國兒童基金會美國基金會執行長凱羅．史登（Caryl Stern），我比平常更樂觀。我聽了她在洛杉磯的演講「相信零可以成真」（I Believe in Zero）之後，就決定要採訪她。她在同名書籍裡分享了許多旅程中發生的故事，並說明了她驚人的目標：許多造成兒童死亡的疾病其實是可以預防的，她要將這數字從每日一萬八千例降低到零。

對我來說，凱羅就是活出人生目標的典範——每一天，她都專注於幫助孩童。一個人還能有更崇高的使命嗎？當我在訪談中問起：「妳工作中最困難的部份是什麼？」我以為她的答案會和貧窮、戰爭、飢餓和無辜的孩童有關。凱羅想了一想後說：「最困難的是把十一歲和十四歲的孩子留在家裡，而我必須離家遠行很長一段時間。」我這才明白就連那些任務崇高的人也常常必須面對和普通人一樣的問題。她或許志在拯救世界，但她得先當好媽媽的角色。

我和凱羅在聯合國兒童基金會見面，旁邊就是華爾街。她穿著簡單的套裝，她的辦公室裡都是書本、照片和整齊的卷宗。她的辦公桌旁有個行李箱，顯示她最近才剛從非洲回來。我原本擔心她會很有距離感、權威感，但她卻溫暖又熱忱，我們很快就開始輕鬆的對話，談起她如何在全球慈善世界圈內擔任領袖。「我大四那年以為自己會成為專業藝術家。但感覺到我的人生好像還有其他事情要做，」她說，所以她見了職業輔導員，那人給了她一個練習，幫助她更清楚自己與生俱來的力量與天賦。她告訴我的時候，我才曉得這其實是一個效果強大的察覺練習。

「我的輔導員要我買一本筆記本，寫下一週內做的事。但筆記一定要很詳細，不能只寫『我吃了晚餐』。我必須把我的決策過程都寫下來。是我決定要吃什麼，還是其他活動決定了我那天吃什麼？我有沒有去買菜？

有沒有做飯？……」

後來凱羅和輔導員見面的時候，那筆記本裡有很多資訊——還透露出她是什麼樣的人。「透過這個練習，我發現我擅長組織整理，」凱羅說，「如果我和朋友週五晚上出去，那是因為我打電話給大家，他們才會出門。通常我是負責辦晚會或在學校小組專案裡帶頭的人。輔導員說：『這就是妳天生的本領，是妳擅長的事情。』我發現她說的沒錯。如果妳在我大一那年說我會當上執行長，我一定會當妳的面哈哈大笑。但這練習是我成長演變的轉捩點。這讓我發現我從沒想過要當老闆，因為我就是老闆。一切進展地那麼自然。」

我向凱羅說，在印度有個業法（dharma）的觀念——我們每個人都有獨特的使命。「我還沒找到我的，」我承認說，「妳相信自己正在實踐真正的使命嗎？」

「是啊，」她回覆說，「但這不是個簡單的使命。我相信自己生來就是要搞清楚為什麼我失去了許多家人，很多人死於納粹大屠殺。要理解這一切，就是要讓這世界比原本更美好。我的親戚死於大屠殺，但他們命不該絕。我相信我就是要來設法避免孩童早夭，我們可以從源頭預防。」

我察覺到我離開她辦公室的時候很冷靜、很輕快、獲得很多靈感。我欣賞她和家族歷史的連結如此深刻，而且由家族歷史引領著，或以她的話來說，她是來「唱出家族的歌」。我也逐漸察覺到隨著日子過去，其實我的為人，還有我的理想也深受家族歷史影響。我的父母和祖父母給我許多啟發，讓我想要以他們為典範。每個家庭都有自己的歌曲。察覺你家庭所擁有的，然後驕傲大聲地唱出來。

每個家庭都有自己的歌曲。察覺你家庭所擁有的，然後驕傲大聲地唱出來。

我週末去拉荷亞（La Jolla）見父母親的時候，難得和我父親安靜相處，並決定和他分享我的歷程。我很少做出這種選擇。儘管我需要寫作或職場建議的時候會去找父親，但當有心事的時候，通常是找母親。我一直是這個樣子，所以當我決定向他坦露我遭遇的挑戰時，感到有點不自在。這其實很出人意料，全世界的人有困擾時都會來找我父親諮詢，但我卻覺得和他分享我內心深處的想法很難為情——他可是我的親生父親啊。不過，我覺得他可以幫上忙，所以就硬著頭皮上了。

我說我很疲倦，覺得身體不夠好，自己沒辦法掌握生活的步調，還想為別人做更多的事。父親看起來困惑不已，而且還相當擔心。

「我沒事，父親，」我要讓他安心，「只是少了一點什麼，不是幸不幸福的問題。而是覺得生活中欠缺了一種很細微的元素。」

我可以看到他從父親模式切換成心靈導師模式。他提起丹尼爾．席格的著作，給我看由神經領導力協會（NeuroLeadership Institute）共同創辦人大衛・洛克（Daivd Rock）根據席格的著作所創造出來的均衡心智健康發展圖（Healthy Mind Platter）。

我們討論到我的健康狀態，分成許多小單元，如睡眠、營養、運動、感情、工作、智能刺激、創意、休閒、靈修等等。父親鼓勵我隔週多察覺自己在各個方面做了什麼。

我想起凱羅・史登做過的練習，每天花一些時間來察覺我的舉動。我寫下每個晚上睡多久，吃了什麼，如何運用休息時間，工時多長，有沒有找時間冥想。短短幾天之內，我就發現我沒有哪一方面做得好。難怪覺得一切都不對勁！

我第一個反應就是覺得自己很糟糕。但注意到這個譴責自己的想法後，然後就在這想法深化之前轉了彎。我提醒自己，要做對自己好的事情很難。不管是用健康食品取代餅乾、勤奮地運動、練習感恩或是專注我們的想法，我們都很難時時保持在正確的軌道上。察覺可以幫助我抵達終點，但我的目標並不是要事事完美，而是要進步。我想著這些安慰自己的話時，我察覺到一個很棒的情緒：滿懷希望。

有目標的生活：反省與練習

察覺可以協助我們調整頻率，更清楚我們有哪些感受和反應，並知道為什麼會有那些感受和反應。這是一個專心於當下的方法，讓我們更能清楚看出自己是什麼樣的人，還有怎麼做才能進步。而且，察覺周遭可以帶給我們靈感，幫助我們在人生道路上完成目標。

1. 花一天的時間留意你說的話——不要抱怨、不要批評別人、不要批評狀況、不要譴責他人。

2. 寫下飲食日誌，察覺你每天吃了什麼。記得還要寫下你喝了多少水或飲料。

3. 每天睡前寫下或在心中默唸三個你當天想感激的人事物。

活出目標的練習：平衡之輪

☆ 坐在一個溫暖舒服、能給你靈感的地方，花五到十分鐘冥想，然後利用下一頁的平衡輪來內觀。

☆ 在每個區塊內評分：
- 1-3: 很痛苦
- 4-7: 努力中
- 8-10: 漸入佳境

☆ 不要想太多。讓你的直覺帶領你，寫下每個區塊裡的第一個反應。

☆ 你的生活中哪些方面需要多注意？如果你認為「全部」，那其實和大家都一樣。就像我之前說的，我剛開始的時候沒有任何一個領域算得上「漸入佳境」，所以對自己仁慈一點，或許剛開始，選一個就好。

☆ 在日記裡，開始擬出一些想法，你可以從哪裡開始微調生活來找到平衡——或許先從設立每日生活的微目標開始！（我們會在後續章節更深入討論。）

我的平衡之輪

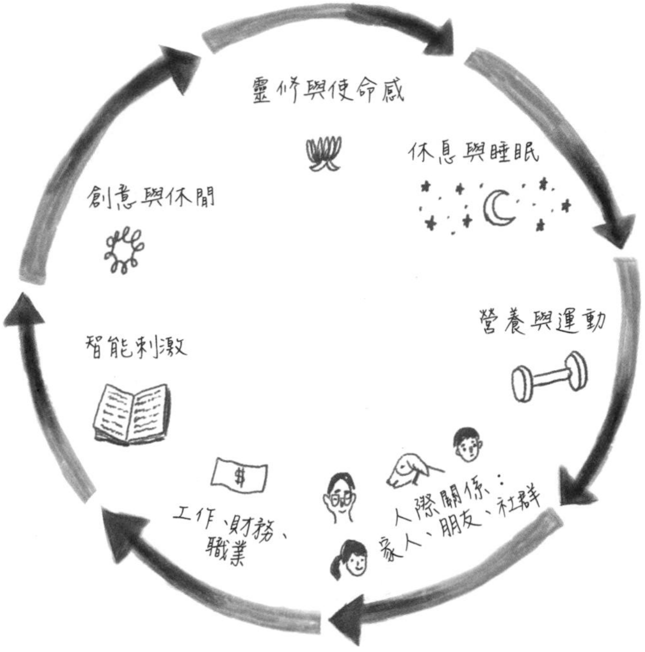

第四章

信任

「擁抱阿瑪」來到了我們的城市，我和母親、弟媳坎蒂絲都受邀去見她。她的本名是瑪妲．阿穆瑞達南達瑪依（Mata Amritanandamayi），年約六十，是一位知名的印度心靈導師，她的信眾認為她就是慈愛與憐憫的化身。她散播愛的方式就是到世界各地擁抱人群——真實的擁抱。阿瑪（Amma）在印地語（Hindi）是「母親」的意思，她已經擁抱了三千四百萬人，很多人說他們在她懷中獲得了智慧、慰藉或連結上更高的力量。有些人甚至還說一個擁抱就改變了他們的生活。

我朋友愛莉兒．福特就曾經請阿瑪給她一段良緣，三週後就遇到了她的靈魂伴侶。另一個朋友是谷歌的資深經理，他覺得阿瑪的存在很療癒，所以他放假的時候就會去見她，不管她在地球上哪一個角落。因為我在轉變的過程中，積極尋找方向、靈感和指引，所以我很想看看我見了這位受人敬愛的心靈導師後能學到什麼。或許我也可以向阿瑪學會更圓滿地擁抱生命和人生使命。

阿瑪和她的工作人員落腳在洛杉磯國際機場旁的飯店，當我們抵達時，她已經連續擁抱朝聖人群好幾個小時了，但大廳還是擠滿了許多信眾。想見她的人形形色色：打著赤腳留長髮還有刺青的青少年、帶著幼子的家庭、穿著套裝和高跟鞋的專業人士。所有人都等著一個女人的擁抱。「如果這麼多人都非常需要擁抱，或許我們應該互相抱一抱。」我半開玩笑地對坎蒂絲說。

我朝阿瑪所在的會議室瞄了一眼，估計有超過一千人在等候。因為隊伍很長，負責接待貴賓的人建議我們先用晚餐。他保證：「因為您是喬布拉大師的家人，地位特殊，我們會儘快安排您和阿瑪見面。」這話讓我很意外，一時之間接不上話。一方面我很感激，但另一方面我又有點反感。這種場合應該不分貴賤，不是嗎？

這讓我想起童年回憶，我小時候有很多機會和全球超覺靜坐運動的創始人瑪哈禮希．瑪赫西．優濟（Maharishi Mahesh Yogi）相處，他是最早從印度到西方國家發展的心靈導師。他將超覺靜坐運動帶到美國，介紹給數千人，包括披頭四，後來這個樂團不但成為他的追隨者，還將超覺靜坐運動發揚光大。

我父親成立超覺靜坐中心之後，瑪哈禮希就是他的導師。我十三歲那年第一次見到他，接下來的十年他一直對我的生活有莫大的影響力。我和弟弟經常在他身邊靜坐數小時——有時和數千人一起，有時則只有我們一家四口。在印度傳統裡我們相當尊崇大師，其地位甚至比父母更崇高。所以瑪哈禮希在我們生命中的分量無人能比。

當他開口的時候，我獲得能量與鼓舞，而且心中相當平和，雖然我小時候很害羞，但道別的時候我都會跑過去送他一朵玫瑰花。他像個老頑童，而他收到花朵時愉快的笑聲總會溫暖我的心。他的慈愛，還有我爸媽的疼愛默默給了我信心，教我信任自己。我這時才發現，那種信任感已經消失很多年了。

我雖然崇敬瑪哈禮希，但我不喜歡他工作人員的態度——我們在等待阿瑪的時候就給我同樣的感覺。瑪哈禮希的信眾也會勾心鬥角，有些訪客會有特殊待遇，有的人則沒有。我父親不會捲入這些人的心機裡，因為他和瑪哈禮希很親近，但我看了很多人狐假虎威、玩弄權柄或爭奪地位。讓我最不舒服的是有些人會把我和高森捧到很高的地位，事實上我們根本配不上。很明顯地，從他們的言談當中可以聽出來，他們以為我們勤於冥想並嚴於茹素——其實我們並沒有。事實上，電視劇《新家族風雲》（*Dallas*）比心靈成長更吸引我們。

當然，我也看過很多人用相同的態度面對父親，他們希望見他一面，以為他可以解決他們所有的問題。父親是個了不起的人，他腦筋聰明、心胸寬大，對於精神和靈性的議題有深奧的智慧，但他只是個凡人。不管他多麼睿智，他也不可能解決大家所有的問題，而也沒有人可以。佛教徒說：「見佛殺佛」，意思是你就是自己的佛陀。成為真正的自己，找到屬於你的真實，不要求別人給你答案，信任你自己。

我在等待擁抱阿瑪的時候回想起這一切，不禁納悶著我為什麼會來這裡。很久以前我就厭惡這種造神運動，但正當我萌生退意時，工作人員帶我們進會議室了。

擁抱阿瑪坐在舞台中間垂墜絲綢的椅子上，穿著白色印度旁遮普套裝（shalwar kameez），頭上有紗巾，額頭上有顆紅白相間的額飾（bindi）。

我著迷地看著擁抱阿瑪。她雙眼炯炯，讓我想起了瑪哈禮希，當她懷抱其他人的時候，時間暫停了。我想起我小時候給祖母抱著，祖母牢牢地包覆著我，她緊緊地、穩穩地、慈愛地擁抱著我。我閉上雙眼，回想起在祖母懷中的感受。不知怎地，我想立刻回家擁抱泰拉和莉拉，緊緊地抱個滿懷，傳遞無盡的愛。

這念頭給了我強大的力量與寧靜。我不想要也不需要心靈導師。我的不確定感和我的安定力量、我的問題和我的答案、我的尋找和我的真實全都存在於我的靈魂裡。對每個人都一樣。或許我們會依賴別人，請求別人協助，但最終我們的答案還是來自我們自己。

就如佛陀所說，當自己的光。不必尋求旁人依靠。幸福的祕訣只有自己知道。我要做的就是信任我的直覺和能力，我可以做出選擇，讓自己更快樂、更平衡。我只需要信任我自己。

「妳們想離開這裡嗎？」我問我媽和坎蒂絲。她們點點頭，然後我們往門口走去。「我馬上就可以安排妳們上台。」主辦單位抓住坎蒂絲，領著她直接到擁抱阿瑪面前。坎蒂絲溫暖地向擁抱阿瑪打了個招呼，說我們家每個人都祝福她。擁抱阿瑪微微笑，給了她一個緩慢而深刻的擁抱。

「她的擁抱感覺很溫馨，注入了許多能量。」後來坎蒂絲說。

當我回到家後，我抱著泰拉和莉拉，在懷中輕輕地搖。溫馨且充滿能量。我完全知道她的意思。這種愛很深刻、真實，讓我很平靜。我信任這種感覺，毫不質疑。

我想清楚追求目標的流程，用文字寫下來，這時信任感油然而生，因為目標因人而異，就像情緒指紋（emotional fingerprint）。如果不信任內心的認知，讓宇宙來帶領，根本無法完成目標。

為了發現並完成目標，你不只要信任內心的聲音或直覺，也要信任你的身體，還有宇宙。你需要讓自己接受直覺的引導，聆聽來自內心的訊息——我們在忙碌的日常生活中經常忽略了這些訊息。

瑟曼徹頭徹尾就是一個用左腦思考的人，非常善於分析，而當我提到直覺的時候，他保持高度懷疑。但就連愛因斯坦這樣偉大的知識分子也相信直覺。他說：「我相信直覺和靈感……有時候我覺得我是對的，儘管我並不知道我是不是正確。」就連聖經裡也提過「內心那柔和穩定的聲音」。我這一年就是希望透過冥想和察覺來接收這聲音。我知道我可以信任這個聲音。

直覺真的有用嗎？有一天我在上網的時候，搜尋了「直覺的科學」，結果有一千六百萬筆資料。哇，我想我不是唯一感興趣的人。我點了幾個連結，發現愛荷華大學有份精彩的研究。那裡的研究人員要求受試者玩卡牌遊戲，共有四疊不同的卡片，一次翻一張。這「應該」是純機率的遊戲，卡牌上面點數愈高就可以贏愈多錢。雖然受

目標因人而異，就像情緒指紋。如果不信任內心的認知，讓宇宙來帶領，根本無法完成目標。

試者不曉得，但其實這幾疊卡片已經先安排好了。其中兩疊卡片的點數較高。當大家在玩遊戲的時候，他們的手掌上有手汗感應器。而這些感應器發現了很有趣的現象——受試者才抽了十張牌之後就開始流手汗。儘管如此，他們抽了五十張牌之前都不曉得這幾疊卡片已經安排好了——他們繼續翻了三十張才曉得牌的疊法有玄機。他們濕潤的手心在他們察覺到卡牌經過設計之前老早就提出警告了。我一直認為直覺是心的推理——以我們的感覺為線索，不經過腦筋思考。

泰拉的直覺一向很強烈。我記得她二年級時有一次和朋友玩到一半打電話給我。她說她胃痛，等我去接她的時候我才曉得她在那房子裡不自在。有幾個男生讓她覺得不安全。我那天對泰拉說她永遠都要相信身體的訊號，從此她對自己和身邊的人都有強烈而準確的直覺。最近父親生意上有個往來的對象相當熱心，迷住了我們每個人。泰拉一直說她不喜歡這個人，我卻叫她要有禮貌。結果，這個人原來是個騙子，還讓父親陷入險境。泰拉一直是對的。

我自己的經驗也教我要信任直覺。雖然有時候很困難，但只要順著直覺細微的聲音，就不會走偏。一九九五年，我在音樂影視頻道MTV工作，MTV需要人來協調印度的業務。我的經理覺得我很適合，因為我很熟悉頻道策略又有家人在印度，所以我二十三歲那年回到了家族故里。那時在印度工作很刺激，當時的市場正要開放讓國際企業加入，我很榮幸能有這個機會透過音樂讓世界更融洽。我覺得能在這個位置上發展職涯真是太棒了。這是我職業發展中最棒的契機。我不只可以深入品牌營造、行銷、節目製作，而且這份工作還讓我可以認識世界各國派駐印度的高階主管。我靠著名片就可以走進所有俱樂部和高級餐廳。這是年輕人心目中的夢幻工作之一。

我興高采烈地投入工作，但大約抵達印度後一週內我就開始出現奇怪的症狀：我開始胃痛，尤其是早晨。我以為是水土不服、或有點想家，或是我想成功的壓力太大——或者是這三種因素加總在一起——我盡量忽略身體不適，但這狀況一直持續。

終於，有一天我的團隊有了重大突破。我們成功取得一個跨國企業的贊助，且金額甚高。我和我的同事搭乘有冷氣的轎車在孟買（Mumbai）市區內穿梭，我們在車內倒香檳互相慶祝。這時我們被卡在車陣裡——在印度交通堵塞其實是常態。我們往前望，看到一群衣衫襤褸打著赤腳的小朋友擋住了去路。我們靠近時發現他們圍在路邊臨時搭建的小亭子裡看電視。那亭子側牆上繞了許多條電線，小小的電視搖搖欲墜地掛在上頭。螢幕上出現一片海灘，穿著比基尼或短褲、衣不蔽體的青少年隨著嘻哈音樂扭來扭去。螢幕上方就是MTV頻道的標誌。我的同事歡呼了起來，互相擊掌，倒了更多香檳。這些小朋友在收看我們的節目。這證明了我們成功滲透了印度市場！但我的心跳卻停了。我真的無法呼吸，感受不到喜悅，只覺得羞恥。

那個晚上，當慶祝活動還熱烈地進行著，我就決定提早回家了，但我卻睡不著。我躺在床上，腦中不斷轉著同樣的問題：我在做什麼？這是我想給全世界的影響嗎？我想要用音樂讓世界更融洽，而不是將美國文化中粗俗膚淺的部分輸出到我的家族故里。我熱愛我的工作，但那一刻，我知道這份職業不符合我的人生使命。心中有個小聲音說我走錯路了，我有點想忽略那聲音，想要繼續進行我的工作。這份工作五花八門，而且我做得很好，但那聲音在接下來幾週內逐漸宏亮了起來，最後我知道必須做出改變，去信任心底那細微的聲音。就在我發覺非辭去工作不可的那一天，我的胃痛消失了。

直覺往往來自我們的身體，就像我在印度工作時出現的胃痛一樣。直覺可能是要警告我們偏離了正確的道路，提醒我們有麻煩——甚至導引我們做出更正確的選擇。毫無疑問地，選擇健康食物會讓我們覺得更有活力，攝取糖分和垃圾食物則會讓我們反應遲鈍或喜怒無常。那為什麼我還一直選擇垃圾食物呢？我也需要一些協助。在這之前，我一直不願意檢討我和食物之間複雜的關係。但我的目標是要更體貼我的身體，需要拋下這些擾人的問題。父親的著作《你在渴求什麼？：揭開理想體重、生活幸福、身心平衡的秘密》（*What Are You Hungry For?*）一直堆在我床邊。有一天上午，我送女兒上學之後，心想：**時間差不多了**。然後我便上樓拿了這本書來看。

我隨意翻閱，我很喜歡這麼做，看我的眼神落在哪裡。這其實是個古老的作法，叫做「聖經占卜」（bibliomancy），利用卜筮的方式來汲取智慧或洞見。有的時候沒什麼用，但往往我透過這種方式偶然得到的資訊總讓我驚訝不已。總之，當我翻開父親的這本書，我的雙眼注意到了這句話：「如果你信任你的身體知道你需要什麼，它就會照顧你。」父親的解釋是：身體知道哪時候餓了、哪時候飽了，因為膽囊會將荷爾蒙訊號傳遞給大腦。你只要注意，並信任身體的訊號。

信任你的身體。在我各種控制飲食的方法和數度減糖的經驗中，我一直忽略這個簡單的建議。這道理這麼淺顯易懂，但我從沒納入減重策略中。每個人的身體都經過巧妙設計，可以在平衡狀態下維持體重。但因為我對食物的依戀，我一直刻意忽略身體的訊號，明明我已經飽了，但我在不餓的時候還是會繼續吃。

為了學習信任我的身體，我必須調整頻率接收訊號，所以我決定要採取父親描述的一個簡單方法。他建議在吃飯前

> 你只要注意，
> 並信任身體的訊號。

練習停下來，停下手邊的動作；花一分鐘吸氣、吐氣、注意呼吸；觀察自己飢餓的程度，是一分餓還是十分餓；最後是有覺知地進食。

這和丹尼爾．席格博士說的反應彈性很雷同——做出反應之前先緩緩，這樣你才能清楚地意識到當下，並評估你的選擇。「暫緩可以幫助你做出更睿智的選擇。」席格博士對我說。如果我需要做出更智慧的決定，通常就是我站在烘焙坊的現烤杯子蛋糕前。

我闔上書，消化著信任的議題，我覺得信任對於實踐目標至關重要，這也是我學習健康飲食的關鍵，我必須信任身體才能維持健康的體重。我不必節食，因為當我注意身體飢餓或飽足的訊號時，就可以幫助我吃下自己需要的食物，不再多吃。

我的飲食計畫中最難維持也最容易破戒的部分就是甜食控制。如果問我覺得生活中哪個方面最失敗，那就是我無法克服甜食的問題。當我還是個小女孩時，父親曾經試著用催眠的方式幫我抵禦甜食的誘惑。他要我想像著黏呼呼的綠色青蛙裹著巧克力，再挾到嘴邊。我一想到那畫面就要反嘔。這方法挺有效的，但只持續了一兩天，我又恢復甜食的癮頭。我對巧克力的熱愛勝過了對嘔吐的恐懼。在那之後我就經常一會兒嗜糖、一會兒戒糖，反覆的次數連我都數不清了。

為什麼這習慣這麼難改？其一，科學證實了糖分會讓人上癮，有些研究顯示糖分和海洛因對腦中的愉悅中心有同樣的影響。我稍微研究了習慣的養成，發現要改變根深蒂固的習慣比我想的更難。倫敦大學學院於二〇一〇年發表了一份關於習慣的研究解釋得最清楚，他們招募了九十六位義工，要求他們在日常生活中增加一項活動或一種行為，並記錄參與者花了多少時間才建立起習慣，平均數是六十六天，一般普遍認為二十一天就能建立習慣，但實驗結果是這迷思的三倍以上，不過所有參與者需要的時間有長有短，從十八天到兩百五十四天都有。雖然偶爾漏掉一天兩天不影響建立習慣的能力，但是最持之以恆的人就是最可能成功培養新習慣的人。

不過有些行為要花較長的時間才能變成習慣，就算決心十足也一樣。

和飲食有關的習慣平均要花六十五天才能建立，而這些參與者則要持續九十天才能培養運動的習慣。研究人員猜測體能活動的習慣要花比較多時間，是因為運動比多吃蔬果或多喝水複雜，所以需要更強大的意志力。動機當然也很重要，不過就算你有強烈的動機，想建立習慣也不容易。在這份研究裡，參與者真的很想改變生活，可是有一半的人沒辦法持續到變成習慣。

雖然這份研究讓人有點氣餒，但也讓我看到了養成習慣的過程裡失敗和挫折很正常——這讓我明白退步的時候，我可以對自己寬容一點，只要再次確認目標就好了。事實上，我從來沒有辦法持續一週以上的無糖生活。

我小時候就愛上甜食了。我外婆和我一樣喜歡巧克力，我兒時對返回印度探親的最美好回憶就是去外婆家玩，她總會做可口的巧克力蛋糕或奶昔。就連現在，回想起那時日也會讓我滿心溫暖舒適，我忽然看清了一部分的問題。在我心中，糖代表安全、呵護、平安。那是我的避風港。難怪當我感到難過或焦慮、害怕、茫然的時候就用甜食來安撫自己。不是因為好吃，而是因為那是愛的味道。

在父親的書裡，他說苦於體重和飲食問題的人有項任務：**用對的方式滿足自己**。光靠食物並沒辦法真正滿足你。父親寫下「你一定要用健康的飲食滋養身體；用喜樂、寬容與關愛滋養你的心、用知識滋養你的大腦；用平靜和覺察滋養你的靈魂……如果你用這些方式來滿足自己，食物就再也不會是個問題了。」這段話讓我恍然大悟。這不就是我今年想做的事嗎？——用很多不是吃的方式來滿足自己。

我讓這個想法沉澱在靈魂裡。之前我並沒有用正確方式來滿足我的身心靈，反而過度依賴食物，不只用食物填飽我的肚子，也用食物安撫我的情緒。這表示我需要專注在生命中其他能帶給我喜樂、寬容與關愛的事情上才對。

我最喜歡列清單，所以我寫了一個標題「不用食物來滿足自己的方法」，然後把浮現在腦海中的想法記下來：

和我愛的人對話。帶女兒去海灘。散步。拼圖。讀小說。做飯給別人吃。

這些都符合我內心深處渴求的目標——讓生活更愉快、和家人朋友更緊密、心情放輕鬆、回饋社群。如果我能信任自己從其他方式找到愛與滿足感，而不需透過巧克力餅乾和冰淇淋，這就是第一步。但過程需要耐心，需要戒掉壞習慣，如果我開始增加一些讓我身心靈富足的活動，我知道自己就可以找到正確的平衡。

日子一天一天過去，我在吃任何食物之前都會問自己：妳想吃什麼？沒想到我的答案往往不在冰箱裡。有時候我很焦躁不安，但在我家附近走一圈就能緩解我的口腹之慾。有時候我很渴，但一杯水就夠了。有一天我真的想吃巧克力餅乾想得要死，我發現讓我難受的其實是想念，我想聯絡老朋友，這也是我的生活目標之一，這就是雙贏。

我拿起電話，打給我的一位密友莎亞塔妮。她和我一樣有兩個小孩，並在媽媽、作家、醫護人員的角色之間平衡得很好。她一聽到我的聲音就說，「好久不見了。」我一陣愧疚感翻騰，馬上道歉。我得記得保持聯繫才行。聊著聊著，我說我的目標是要吃得更健康，並信任我的身體。「妳一定要看看直覺飲食（intuitive eating）的書，」她說，「就是在講信任妳的身體。有研究證實這方法有效。」

我上網發現很多資訊。直覺飲食的原則很簡單：餓了就吃，飽了就停。身體說它想要什麼，妳就吃什麼。如果我真的需要一杯奶昔，那就喝吧。這概念讓我太放心了。

我開始更留意自己真正想吃的是什麼，還有吃下去的時候有什麼感受。我學著信任自己的身體時，注意到每次吃甜食，通常吃幾口之後就滿足了，尤其當我專心享受那視覺和嗅覺，細嚼慢嚥品嘗那時刻之後。有一天，我吃了幾口巧克力棒，珍惜每一口，我想了一分鐘後發現直覺是對的，放縱口慾的感覺開始消退，一種噁心的感覺慢慢浮現，於是我就把剩下的半條放回冰箱留待下次了。

我真的拒絕多吃幾口了嗎？我簡直大喜過望。

我還試著每一餐都吃得更專心。以前我一坐下來就立刻開動，現在我會先欣賞食物的色澤和質感。聞一聞，品嘗食物的香氣。我會感激栽種食材的農夫，還有將食材運送到商店的人，然後喝一口水。一旦開始吃，我就試著真正地品嘗每一口——甜味、鹹味、辣味、苦味。我至少嚼十次才吞下去，在吃下一口之前，會先暫停一下注意身體的感受。我飽了嗎？還要吃更多嗎？我的身體在告訴我什麼？信任和察覺這兩個實踐生活目標的步驟這時相輔相成，和諧、合一而美好。

練習用這種方式進食，過一陣子之後就自動變成習慣了，我開始看到我的身體真的會送出很多訊息，讓我知道飢餓的程度，尤其在放慢吃飯速度以後。研究顯示腸道要花二十分鐘的時間才曉得飽足，再發送訊號給大腦。如果狼吞虎嚥，等大腦收到吃飽的訊號時已經吃撐了。這也提醒了我需要信任身體。

有一天下午，在我吃了半個杯子蛋糕之後，才想到不應該吃甜食。「妳可以犒賞自己，」我對自己說，「今天壓力很大。」然而這種自欺欺人的話我聽太多了。「妳在做什麼？」我問自己。答案讓人很灰心：每次壓力大就吃甜點。我對自己說想要改變，想吃得更健康，但這習慣好難戒！我知道糖分對身體不好。當糖分快要抵達血管前，就已經可以感覺到那種接近噁心的感覺了，吃了甜點之後我大概可以開心個半小時。不過可以篤定地預測接下來會發生什麼事：我會很疲累、很煩躁，大腦好像塞了棉花糖。轉來轉去的糖。多麼貼切的比喻啊！

我既憤怒又沮喪——而且很厭惡自己。「我沒救了。我永遠都改不過來！」我一直在這種消沉的思路上打轉了很久。難怪我那麼胖。為什麼我意志力那麼薄弱？幸好我開始察覺心念，半路喊停。

「夠了，」我心想。「這樣不好。」沒有人該承受這種責備。這些良善的話一經過腦中，我馬上覺得很溫柔——對我自己、對我的困境、對成千上萬和飲食習慣不良作戰的人。「妳在努力，」我對自己說，「沒關係。」

我想起泰拉和莉拉學走路的時候，她們一次一小步，搖搖晃晃地往前踏，然後跌倒坐下來。我不會對她們發脾氣。她們每次練習我都在旁邊打氣，鼓勵她們繼續。我接受她們跌倒和失敗，因為這是學習的過程。看著她們搖搖晃晃、身體一歪、然後噗通一倒，只覺得很窩心、很可愛，完全不會感到絕望。實現目標時也一樣。這是一個過程——我們應該認真而輕鬆地來面對它，抱持著好奇心、懷抱著希望、渴望探險，儘量不要責怪自己。

信任你需要給自己多點憐憫和慈悲——其實學著吃得健康或改變任何習慣也是一樣。愈來愈多研究顯示呵護自

我不會對她們發脾氣。她們每次練習我都在旁邊打氣，鼓勵她們繼續。我接受她們跌倒和失敗，因為這是學習的過程。

己，就像我們面對很珍惜的朋友一樣，其實能幫我們建立健康的習慣。

舉例來說，杜克大學的研究人員發現在自言自語時對自己很溫柔體諒的人、迷糊時原諒自己的人、明白每個人的生活都有起有落的人，都比較容易在日常生活中納入健康的作息，像是定時就醫或進行安全性行為。同樣地，加拿大研究人員發現自我關懷分數較高的女性比較願意運動，因為運動對她們很好，而不是因為運動讓她們看起來很好。為健康而動的人比較可能會持續運動。另一份葡萄牙的研究發現過重的女性參加了為期一年的減重課程之後學會接納她們的身體，就能堅持健康飲食。

打擊自己不只痛苦，而且沒效。所以這是實踐生活目標的另一片拼圖。我繼續進行追求目標的計畫，同時要更關懷自己。羅馬天主教聖方濟各．沙雷氏（Francis de Sales）就曾提倡「我會隨身帶著『一杯體諒、一桶關愛和一片海洋般的耐心。』你要海洋般廣闊的耐心，還是海嘯般的自責？為什麼不選擇愛呢？

選擇愛自己、關懷自己，相信只要投入時間和耐心就能做出艱鉅的改變。我們都有高山要翻越、難關要跨越。我們需要支持自己的努力，就像我們支持家人與朋友，並且相信當我們向我們愛的人求助時，他們一定會伸出援手，給我們溫暖的擁抱一樣。

我繼續思考我和食物、飲食、健康狀態的關係，還有我怎麼讓飲食上軌道，這時我收到了安德魯·威爾（Andrew Weil）博士的語音訊息，他是亞歷桑納大學整合醫學中心的主任。我一個多月以來一直想要連絡他安排訪談。我很佩服他和父親一起改變了醫學界對於健康的定義。原來週末威爾博士要到拉科斯塔的喬布拉中心演講。「我們可以在那裡見面嗎？」他在語音留言裡問我。我趕緊打給他的助理確認：「可以，謝謝你，我會在喬布拉中心和他見面。」這時機太完美了，因為我一直苦於飲食的問題。感謝宇宙！就連我女兒都對這次訪談很興奮。威爾博士是真實食物連鎖餐廳的共同創辦人，那是我們全家最喜歡的餐廳，也是挑食的莉拉第一次嘗試（並愛上）披薩的地方。

當我抵達喬布拉中心時，接待人員以微笑歡迎我。這裡的工作人員是我見過最溫暖、最溫柔、最投入的人。我說我要見威爾博士，會在大衛．賽門（David Simon）以前的辦公室裡等他。哦，大衛，我難過地想著。就連提到他的名字都讓我心痛，但同時心中也盈滿愛與歡樂的回憶。他和我父親一起創立了喬布拉中心，他們兩人一起找出方法來協助大家在日常生活裡整合身心靈的練習。大衛也是我很親近的朋友，當我坐在他以前的辦公室裡等威爾博士時，我回想著他和父親在這裡影響了多少人。大衛在診斷出自己有神經膠母細胞瘤後二十個月的二〇一二年一月去世，他離開後不但在他的家人心中留下一個洞，在喬布拉中心和我們所有愛他的人心中也都留下一個缺口。

正當我開始覺得難過時，父親走進辦公室，神清氣爽、興高采烈。他才剛和哈佛大學與國立衛生研究院的科學家通話完，他很興奮，他們想把健康原則納入銀髮專案裡。他看著大衛的照片，微微鞠躬。這舉動讓我濕了眼眶。美好，又令人安心。雖然大衛人已經不在了，父親顯然還能感覺到他的存在──並希望大衛知道他還持續著他們的工作，而且大家一直有進展。

威爾博士走進來，穿著牛仔褲和格紋襯衫。他親切地問候我們，然後簡短地和父親交流近況。我帶著微笑聽他們對話。他們都欣見這麼多人來參加週末的研討會，這讓我想起我一直很敬佩父親的一點：他從來不在乎名氣。事實上，他到現在都還覺得他的工作可以得到全世界如此多人的迴響很驚喜，但也誠惶誠恐。

威爾博士和我坐下來談話後，我先解釋我這本書的概念和目標的想法。「我相信宇宙會回應妳訂下的目標，」他熱情地呼應著，「但信任是關鍵。妳必須信任自己可以完成目標，就算沒有得到外界肯定，妳只需要信任宇宙會支持妳。」

他說，信任目標讓他想起了前一陣子發生的小插曲——這件事對他意義重大，甚至還寫進了書裡。威爾博士正在寫書，以自己的生活體驗為題材，這件事是這樣的：

我住在杜桑城外郊區的牧場上，那裡真的是荒山野嶺。春季的某一天，一個負責整理牧場的人來對我說他發現了一隻小貓頭鷹，不知道該怎麼辦。我跟在他後面，走進一片三角葉楊樹林。那隻小貓頭鷹就在地上，身長才十幾公分，全身白毛。牠跳上跳下吱吱叫，顯然很難過。我抬頭看，發現在其中一根枝椏上，大約十公尺高處有一個龐大的鳥巢。一隻大鵰鴞從鳥巢裡面睨視下方。我知道那一定是小貓頭鷹的媽媽。

可能是小貓頭鷹掉下來了，或是被推出巢外。總之，我不知道該怎麼辦，但我想或許我可以先餵牠一點東西。那小貓頭鷹一定餓壞了，對吧？所以我拿了一些狗罐頭，但牠不肯吃，然後我又拿了糖水放進滴管裡，牠只喝了一點點。我覺得還不錯。我需要有效的作法，所以我打給亞歷桑納大學動物學系。沒人接電話，我再打給沙漠博物館，那是一個自然保留區，有室內和戶外園區。他們說會請專人來答覆我。

幾分鐘之後，我的手機響了。打電話的是位老先生。我不曉得他是誰，老先生根本沒講他的名字，只說：「你要把小貓頭鷹放回鳥巢裡。」我嚇壞了。鳥巢高掛在三角葉楊樹上，小貓頭鷹媽媽就在巢裡。每個人都知道大鵰鴞攻擊性強，尤其是感受到威脅時。「那不是很危險嗎？」我問。

「小貓頭鷹媽媽會知道你在幫忙。」他說完就掛上了電話。

我請找到小貓頭鷹的人幫忙拿來最高的梯子。那時我已經開始焦慮了。

我怕高，光是抬頭看那鳥巢就讓我很不安了。但我有什麼選擇？我們盡力固定好梯子靠在樹幹上，我捧起小貓頭鷹就開始往上爬。從我踏上梯子開始，小貓頭鷹媽媽的雙眼就一直盯著我，我往上爬的全程也一直注視著牠。牠全身肌肉都不動，眼神從沒離開過。我覺得梯子好像永遠都爬不完，但最後我到了鳥巢旁。發現有一條死掉的響尾蛇掛在巢外，真是太驚悚了。我沒想到我竟然沒害怕到摔下來。我伸長手臂，把小貓頭鷹慢慢放回巢裡，然後爬下來。後來某天有個牧場工人經過那棵樹，小貓頭鷹媽媽俯衝下來攻擊他，尖嘯的時候還露出利爪。我才明白那老先生說的沒錯：小貓頭鷹媽媽知道我是去幫忙的。牠讀出了我的目標，並且信任我，而我也信任牠。

訪談結束後我開車回家，回想著威爾博士的小故事，發現我們心中都有一隻貓頭鷹——充滿戒備、擔心憂慮，在恐懼時隨時準備好出擊，但也能建立信任感。當我們感到威脅時，會全力攻擊，但當我們信任宇宙時，通常會出現對我們最有利的狀況。我們會將孩子帶回巢裡，我們會讓孩子安全地飛向全世界——或許我們也會學著給自己健康的膳食，照顧好自己的身體。我們會一步一步實踐目標。

有目標的生活：反省與練習

信任是實踐目標中相當重要的步驟：信任你自己——你的欲望、你的直覺、你成功的能力——還有信任宇宙、信任旁人、信任環境以及人生旅程中發生的各種狀況。

1. 下次吃飯或吃點心之前，先花一點時間問自己：「我想吃什麼？」信任你的身心所提供的答案。

2. 下次壓力很大的時候，停下動作，深呼吸三次，觀察你的感受，然後再繼續。信任你的感受——身心會告訴你。

3. 夢境通常反映出潛意識的欲望。在日誌裡記錄你的夢，連續一週。每天醒來後，在下床之前，先花一點時間記錄你記得的夢境。或許是你看到的顏色或夢裡的感受。全部寫下來，到了週末時，想想這些夢的關聯和感受。你的夢可能在傳遞一些訊息，讓你曉得如何完成目標。

活出目標的練習：信任身體的訊息

聆聽身體的訊息有個方法，就是檢視身體。我盡量一個禮拜做一次。這是個學習信任身體訊息的好方法。

☆ 找一個舒服的地方躺下來。閉上雙眼。深呼吸數次，注意每次吐納時胸腔的起伏。留意吐納如何滋養身體：每次吸氣就帶進身體需要的氧氣，每次吐氣就帶走壓力和毒素。

☆ 繼續深呼吸，並把注意力轉移到頭蓋骨。感覺你累積在那裡的壓力，試著釋放壓力。再把注意力轉移到腦部活動，花幾分鐘感激人類大腦的神奇——所有神經元規範著全身上下。注意頭部有沒有不舒服的感受，如果有，就把接下來的幾次深呼吸帶到那個區塊。不要害怕疼痛，也不要妄下評論，只要注意你有什麼感受，還有專心呼吸會不會改善疼痛感。

☆ 將注意力移轉到肩頸。一樣深呼吸，並注意這區域的緊繃感。想像著你的呼吸正在疏通頸部的氣結，或是放鬆肩膀的壓力。

☆ 放鬆左手臂，深呼吸，注意肘關節、腕關節一直到指尖。右手也一樣。

☆ 用同樣的方法在全身各處練習——心臟、肺臟、胃和所有器官，胯下、腿和腳。呼吸時感激所有身體部位。

☆ 接下來幾分鐘，將注意力回到呼吸上。你可能注意到你的精神集中在身體不舒服的地方。信任這個訊息——這裡就是壓力累積的地方，需要更多關懷。

☆ 專注當下並享受呵護身體的這一刻，好好檢查，照顧自己。

第五章 表達

元旦那天我們在越南拜訪我小叔賀曼和他的家人，他們那一年住在河內（Hanoi）。聯合國世界銀行下的國際金融公司投資許多開發案，賀曼就在國際金融公司服務。我們都很期待趁他們住在東南亞的時候去造訪。這是個讓女兒接觸不同文化的絕佳機會！另外，我的女兒也很想花點時間和兩歲半的堂妹塔喜拉相處，還有叔叔、嬸嬸和祖父祖母。我公公婆婆從印度飛過來和我們會合，所以女兒可以和大家一起過寒假。

我們在當地的法式越南烘焙坊買了現烤可頌、水果、生火腿和乳酪，享受了豐盛的早餐後，泰拉、莉拉、瑟曼和我換好衣服前往河內市區觀光。我們的第一站是越南軍史館，我們得以一窺越南觀點中的越戰歷史——也就是他們如何成功地在長期抗戰後擊退法軍與美軍。

女兒們在學校還沒讀到越戰，所以瑟曼和我簡短地說明了始末。我們提到了對共產主義的畏懼，還有反共主張多年來曾是美國外交政策的主軸，也是許多戰爭或國際緊張情勢與衝突的理由。

我們逛過一排美國軍機、直升機和坦克的殘骸，在中庭讓我們停下腳步的是一具彰顯著越南的勝利的生動雕塑。那是一架美國轟炸機，機鼻著地，好像就墜落在那裡，周邊都是金屬碎片；雕塑前方有張怵目驚心的照片，那是一個女人拖著飛機殘骸。

我們看著那副作品，泰拉和莉拉顯得很安靜。她們不是溫室裡的花朵，但她們還小，我看得出來她們努力地將關於戰爭暴力的新資訊整合到她們目前的世界觀裡。這不容易，就算對大人來説也很難。我們花了這麼多時間教孩子尊重別人的觀點。你要怎麼解釋觀念不同可能會讓很多人失去性命？在哪種程度上，為信念而付出生命是對的？那為信念殺害別人的生命對嗎？

在一定程度上，戰爭是一個國家或一個文化表達目標最極端的方式。儘管恐怖，戰爭的核心是守護並表達深信不移的觀點，不管是共產主義、民主主義或特定的宗教。

我們在軍史館裡行走在戰機與炸彈之間，泰拉顯得格外安靜，我不知道這些苦難的畫面對她來說是不是太沉重了。但當她問我「人會有不好的目標嗎？」我就知道她其實在深入思考我們所見到的一切。我常常被問到這個問題。雖然我的理想——和多數人的理想——是要以善意為目標，為這世界帶來更多憐憫、慈愛與諒解，但有些人只想將自己的信念強加在別人身上。

「當然，有人會設定邪惡的目標。」我對泰拉說。我們談起希特勒，他可鄙的目標就是德國的種族優越主義。我們也談起美國議員約瑟夫·麥卡錫雖想保護全世界不被共產主義滲透，但是他卻造成全美國恐慌，讓大家出賣朋友或同事。我很欣慰我們能討論起目標的這個面相，這是我逐漸深入研究目標後一直掛心的部分。

我對女兒們說：「很多目標不見得邪惡，但訂目標的人是為了滿足自尊，不是為了讓世界更美好。」我提醒她們大家前幾天才去柬埔寨暹粒

（Siem Reap）的吳哥窟，那是全世界最大的廟宇，當我們走進吳哥窟，我發現這地方教了我一堂關於目標的課。蘇耶跋摩二世（Suryavarman II）在西元一一一三年至一一五〇年間掌權，他信奉婆羅門教的毗濕奴派，並且下令建造吳哥窟。蘇耶跋摩二世就像古代許多皇帝一樣，也想要打造紀念堂來彰顯他的權望。當我欣賞著吳哥窟宏偉的結構，我想起和艾克哈特．托勒討論時將目標區分為**以自尊心和不以自尊心為出發點的兩種**。以自尊心為出發點的目標就是為了滿足自尊，而另一種目標則是希望能發揮自己的力量創造更多美好。吳哥窟則代表了這兩種目標的結合，既有國王虔誠的信仰，也有他擁權自重的虛榮。

這時，當我和女兒說起邪惡的目標和以自尊心為出發點的目標，我發現所有的目標都有個重要的共同點：透過表達會更有力量。希特勒用演講鼓動納粹。吳哥窟則是從平地一磚一石建造而成，只因國王下令。越南和美國則各自下定決

所有的目標都有個重要的共同點：透過表達會更有力量。

心要表達並捍衛他們的觀點，甚而為自己的觀點奪人性命或犧牲性命。

幸好，我對女兒說，把有智慧的目標表達出來也具有改變世界的力量。「想想馬丁．路德．金恩和他的演講『我有一個夢想』，或約翰．甘迺迪誓言將人類送上月球，」我說，「把渴求的目標形諸文字，表達出你最深層的夢想可以幫助目標變成現實——讓世界變得更好。」

隨著我不斷研究目標，分辨美好與邪惡的目標很重要，因為這影響到目標的表達。表達目標是採取行動前的第一小步，從這階段開始，我們的目標就可能開始影響其他人。如果你的人生目標是要讓這世界更美好，你必須確定你的言行都反映出這個深刻的價值。

用最簡單的話來說，表達目標就是表達你內心最深層的夢想。表達方式有很多，你可以寫下你的目標，在心中反覆想著，或大聲說出來，跟親近的朋友或家人分享，或是公開在網路上，投稿到報社——或寫進書裡。我創立了 Intent.com 網站，就是希望能給大家表達目標的空間，因為我堅信表達出我們內心最渴望的訴求，不管是寫下來或說出來，不管是默唸或朗讀，都有助於讓我們想清楚這目標背後的念頭，打起精神去實踐。我們可以擁有夢想，並打造夢想，我們可以積極說服其他人、尋找機會、擁抱信念來支持我們的遠見。

在印度傳統中，我們不像西方傳統會在婚禮中說出誓詞。我們的婚禮習俗是繞著火壇走七圈，象徵著我們對彼此和家庭的承諾。但我這幾年參加過許多西式的婚禮（基督教與猶太教都有），我總是深受感動，婚禮是表達目標最美好、

如果你的人生目標是要讓這世界更美好，你必須確定你的言行都反映出這個深刻的價值。

最感人的方式。當你站在最親近的家人與朋友面前，宣示餘生都要對另一個人忠誠，你不只是讓這段關係擁有法定地位，你也是在擁抱各種價值：愛、忠誠、承諾。你正在對自己和全世界說：「我相信愛。」終究，對愛的渴求——不管是愛自己或愛別人——都是人生目標的核心之一。我們需要愛，就像我們需要空氣和水一樣是基本需求。少了空氣和水，我們就無法生存，愛也是。愛驅使我們活出最精采的人生，也盡力為世界奉獻，這就是活出人生目標的奧義。

因為最真實的目標往往以愛為中心，「表達」你的目標重點不在於說了什麼，一舉一動都可以是愛。我替女兒做飯、聽她們訴苦、引導她們做決定、給她們一個安全幸福的家，這就是表達了我愛女兒的目標。我替瑟曼去乾洗店拿衣服、支持他的工作、聽他在緊繃的一天後釋放壓力就是在表達我對他的愛。當我坐下來冥想、吃一頓健康的餐點、在我

> 愛驅使我們活出最精采的人生，也盡力為世界奉獻，這就是活出人生目標的奧義。

需要安慰時，撥出時間打電話給母親，這就是我表達對自己的愛。不管我們在找尋愛或是試著每一天都讓愛引導我們的生活時，表達都相當重要。

到了我們要離開越南回家的那一天，女兒捨不得向堂妹、叔叔、嬸嬸和祖父祖母道別。我請她們坐下來後說，「我們還有幾個小時。妳想要很難過，還是表達我們的目標，享受我們和家人共度的時光？」

「有用嗎？」莉拉棕色的眼眸閃著淚水。

「當然有。」我保證，而且我也相信。把心願大聲說出來就可以心想事成。

女兒認真地看著我，眼眶還是濕濕的，她們說：「我的目標就是要和塔喜拉玩得盡興。」我們花幾分鐘感激這個目標，然後她們就開懷地笑了。在我們出發去機場之前，她們都開心地和甜美的堂妹玩在一塊兒，和祖父祖母摟摟抱抱。

我開始想著這些微小的心願就是「微目標」。我也很意外，光是清楚地表達出來就可以決定當天的心情，塑造我的經驗和展望。在我的網站上，很多用戶會分享每天的目標，將精神集中在正面思考，或連續一週每天做拜日式（Surya Namaskar），然後回覆說這幫助他們改變了一天的心情。

微目標或許很渺小，有時候讓人覺得無所謂，但我發現任何一小步都有強大的力量。不只是在短期內有深刻的影響——讓我們的日常生活更健康、更愉快——還可以為我們的長期目標奠下基礎，幫助我們前進。經常把目標清楚地說出來就會產生更多力量。

微目標或許很渺小，有時候讓人覺得無所謂，
但我發現任何一小步都有強大的力量。

舉例來說，有一天我知道我上班時會面對壓力和混亂。有個網站的潛

在投資人在聊了好幾個月之後決定不投資了。我必須向其他投資人解釋發生了什麼事，並且提出公司的新預算和計畫，因為沒辦法獲得原定的資金。我很失望、焦慮、憤怒、緊張，但這些情緒卻無濟於事。所以我給自己的準備就是先冥想再打電話。我訂下明確的目標，發表在網站上：**我的目標是要在混亂中保持鎮定。**不只是寫給自己看，也寫給所有讀者看，在我清楚地表達出來後就能感覺到我的目標更有力量了。

我馬上就看到很多人在網站上留言支持，他們都在替我打氣，讓我知道我可以度過這艱難的時刻。那天我收到很多其他投資人憤怒的電子郵件和語音訊息，我沉靜地表達我的目標，不斷保持冷靜。每次我都提醒自己深呼吸，讓身心都有機會冷靜。一整天我不時在平靜和慌亂間搖擺，並察覺當下的變化——心跳加速、手心出汗，然後回想起上午訂下的目標。那十四個字就像船錨讓我安穩地度過風浪。儘管身陷危機，我覺得自己就在颱風眼，周圍狂風肆虐，但安靜沉著。那感受著踏實強大的力量。

我不但沒被狂風捲走，甚至能理性判斷，提供支持與協助，維持內心沉著。我不斷安撫投資人和支持者，我相信公司，保證會找到其他財源。我想以身作則，也讓很多人安了心。那一天的平靜雖然沒有改變我的人生，但改變了那一天，把原本會很慘的十小時變成還過得去。在過程中，我想這不是微成就，而是大成功。

訂定微目標是個嘗試目標的好方法。有沒有微目標可以幫你撐過難受的一天？鼓勵的話可以幫我們安定心神，不受周圍起伏而左右，也可以提醒我們哪些事才重要，為什麼我們會做出某些選擇。你可能會很驚訝，只要用我們內心深處的目標穩住腳步，原來在最艱困的日子裡也能很平安，甚至很喜悅地度過。

其實是我朋友麗莎先讓我開始思考表達每日微目標的力量。她決定要每天設定一個目標，持續一週。在前往雜誌社展開壓力繁重的工作之前，她會先花幾分鐘在日誌裡寫下那天的目標。**我今天的目標是要想出一個新點子。我的目標是要傾聽內心的聲音，不隨環境起舞。我的目標是要真誠地和同事打好關係。**第一週結束之後，她察覺到她的微目標似乎和創意與人際關係這兩個更廣大的主題有關連。

麗莎白天的工作就是管理其他人，或是在會議中討論甚至辯論，然後下班後參加各種活動。因為她太忙了，實在沒時間累積創意或打好人際關係，儘管這是她最主要的目標。每個晚上她都發現自己都沒有實現微目標。但沒有覺得失望，並認為這證明了她必須得做出改變。她的生活方式不符合她的價值觀或情緒需求。換句話說，她用開放、好奇的態度來展開新體驗，不加以批判，結果清楚地看到了生活中缺少什麼。她先從醞釀的階段開始，下定決心思考人生目標。她是不是需要換工作？還是她可以改變她現在的工作模式，以符合她的需要？

一年後，麗莎慶祝五十歲生日時並沒有舉辦盛大的派對，只邀請了親近的朋友在那個晚上來說說他們在人生的下一階段想要什麼。她說：「那是個分享夢想的夜晚。」在聚會時，麗莎分享了她醞釀好一陣子的目標：她想要精進瑜伽的練習，參加為期一個月的瑜伽營。這聽起來像天方夜譚，連她自己都不太敢承認她想這麼做。麗莎猶豫著要不要請家人和同事支持她成行。不過她得重新協調忙碌的工作行程和家庭生活，取得丈夫和兩個小孩的認同。即便如此，那是她第一次在親近的朋友安全環繞下大聲表達她的目標——所有人都鼓勵她實踐這個目標。她鼓起勇氣對兒子和老闆提出想法，沒想到他們都意外地支持。她的兩個兒子還很興奮，因為可以和父親獨處做些「男人的事情」。她的同事都很敬佩甚至還有點羨慕，她有勇氣說出她要什麼——並且心想事成。

麗莎對自己的人生負責，並找到支持——假使她沒把夢想說出來，或許就沒辦法走到這一步。

麗莎的故事提醒我表達目標可能也是個挑戰。為什麼呢？通常表達目標代表著要請別人幫忙——分擔責任、傾聽你的想法、給你時間或空間，甚至是經濟支援。對女人來說，我們被設計成要協助別人，很討厭請別人幫忙。實踐目標的過程中最難過的關卡就是無法表達我們要什麼。或許這是因為我們認為自己不值得，或是我們相信開口求助很自私，或是以自我為中心。不論如何，無法表達我們的希望是一塊絆腳石，時常出現在實踐目標的路途中，我們若想活出理想的生活就一定要跨越這難關。

我自己也數度碰上這問題。這幾年之內，我創業了好幾次，每次我都要面對潛在投資人，內心仍覺得很困難，我不認為多經驗幾次就會比較容易。儘管我一直深信公司是有發展潛力，但我還是很難叫別人也買單。讓其他人當股東是一份沉重的責任。我要為公司成敗負責。這是在要求別人相信我和我的夢想，我要告訴自己和全世界說我的人生、我的想法、我的理念有很高的價值，值得投入和付出，這很可怕。我之所以能逼自己在這些讓人不安的會議裡見潛在投資人是因為我問自己幾個問題：我相信我創造的企業不只對我有好處，也能造福其他人嗎？這公司能完成更偉大的使命嗎？

我相信我創造的企業不只對我有好處，也能造福其他人嗎？這公司能完成更偉大的使命嗎？

當我們不敢向其他人求助時，這些問題可以幫助我們嗎？若這些問題的答案是「會」，讓你的知識帶領你，給你信心往前進，大聲說出你想要什麼，然後盡你的力量去實踐夢想。

許多宗教都深信表達希望就能實現。《聖經》的《馬克福音》11:24說：「所以，我告訴你們：凡是你們所禱告和祈求的，當相信已經得著了。這樣，事情就將為你們成就。」《馬太福音》7:7-8說：「你們祈求，就給你們；尋找，就尋見；叩門，就給你們開門。因為凡祈求的，就得著；尋找的，就尋見；叩門的，就給他開門。」而在佛教《慈經》（*Metta*）的基礎也是慈愛和冥想。《慈經》的宗旨在發展愛的四種素質——友愛、慈愛、珍愛、自在。《慈經》的修行一開始先在冥想的時候默念著：**願我無敵意、無危險。願我無精神的痛苦。願我無身體的痛苦。願我保持快樂。**然後再擴大到家人、朋友和擦身而過的路人。**願你們無敵意、無危險。願你們無精神的痛苦。**最後是眾生：**願一切眾生脫離痛苦。願一切眾生保持快樂。**

日本神道中也很重視表達目標——我和家人在二〇〇八年造訪日本時就親身體驗過。我們先去東京原宿代代木公園旁的明治神宮參觀，明治神宮是個安詳寧靜的避風港，神社前方的步道帶我們穿越上千棵柏樹的森林，是明治天皇與昭憲皇太后分別於一九一二年、一九一四年駕崩後全世界各地追思的民眾所捐贈的。

在神社裡面，我們看到一排又一排的小木牌「繪馬」，就掛在鉤子上，每次風吹過就輕輕地叩出聲響。繪馬上有不同的筆跡或圖案，我們才曉得訪客可以把願望寫在木牌上。我們站在那裡好一會兒，看到上百名遊客留下的繪馬而深受感動。當我們仔細看，我們發現每一個木牌上都有他們最私密的願望——世界和平、家庭和諧、身體健康、戀情美滿、互相關懷、寬恕包容。這讓我聯想到在耶路撒冷，大家會將禱告詞寫在紙片裡，塞入哭牆的縫隙，那是猶太教在舊城裡的聖地。每年超過上百萬人把紙片塞入牆內，他們每年要回收兩次，將紙片帶到附近的橄欖山焚燒。

我一直很喜歡寫下目標留在某處這種作法，好像把願望交給了宇宙。我們一家子沿著神社周圍散步，我買了繪馬給泰拉、莉拉和自己。我們花時間整理思緒，寫下心願。我希望闔家健康幸福——這是我一直以來最重要的願望。

當我們把繪馬掛上去的時候，他們說到了月底，住持會收集所有木牌，凝視著上面的訊息，然後燒掉。我想像著我們的夢想飄到了宇宙中，這念頭讓我很平靜。

把願望寫在繪馬上，是用具象的方式來表達目標，向宇宙求助，但事實上，每次你表達目標的時候，就是在向宇宙（上帝或神明）祈願。我見過許多成功又感人的案例。

我朋友愛莉兒．福特是位個人成長的專家，也曾出過書，她開始表達目標要遇見靈魂伴侶後人生就改變了。有個冬日下午我在老家和她坐下來喝茶，聆聽她的故事。

她經歷很多美好的戀情卻因各種理由不了了之，四十四歲那年，她真的很想要遇見一位可以和她共度後半輩子的男人。她相信他也在找她。她想像著她想要的伴侶特質，然後列了一張「靈魂伴侶」清單，把她想要的條件都寫下來，然後就開始過著她的生活，好像他就快出現了一樣。

她持續想像著他就在她身邊。她說：「我試著用身體去感受——真的感覺到我想要的已經成真了，就在那當下。」每天黃昏她會點燃蠟燭，坐在舒服的椅子上，閉起雙眼，想像著和靈魂伴侶在一起有多愉快，感受到全然的愛。她讓這些感受滲透到心底和身體裡。「那感覺很美好，而且很真實，也很明確。」同時，她開始和這個她想要共處的神祕男人「對話」。

「我會和他說話，好像他已經存在了一樣——事實上他真的存在，只是我還沒見到他。」她說。「我相信我們還沒見面就已經有感覺了，我說這是**未見鍾情**。」

她讓我想起父親以前說過的故事，瑪哈禮希・瑪赫西・優濟在超覺靜坐中心開會時，有一個成員提出了一個很棒的專案，大家都很興奮，這時有人問了，「錢要從哪裡來？」瑪哈禮希回答說，「從錢現在的位置來。」

愛莉兒說，「我相信我的靈魂伴侶就會從那裡過來。」

將擁抱阿瑪介紹給愛莉兒的人就是父親。愛莉兒覺得或許阿瑪可以給她「一點宇宙的加持」讓她的靈魂伴侶出現在生命中，所以她報名了週末活動，才有機會和阿瑪擁抱。當阿瑪擁抱她時，愛莉兒輕聲地對這位心靈導師說出她的目標：「親愛的阿瑪，請療癒我的心，移除所有阻礙，讓我找到靈魂伴侶。」隔天傍晚，當她二度擁抱阿瑪時，她請阿瑪「把我的靈魂伴侶送過來。」她還提出了她認為這男人該具備的條件。

三週後，愛莉兒要去奧瑞岡州波特蘭見客戶。當她打電話到客戶辦公室時，他的合夥人布萊恩說他會去機場接她。當她一見到布萊恩，這個又高又瘦又充滿吸引力，並散發正面能量的男人時，她的靈魂一顫。後來她和布萊恩合作了一天，她聽到內心的小聲音說，**就是他**。

「那天和我們在一起的同事也注意到我和布萊恩的互動了，」她說，「很真實、很強烈、很明確。」那天結束之前，布萊恩坦言他覺得早就認識愛莉兒了，因為他曾經在夢裡見過她。愛莉兒說她也有同感。

他們兩週內就訂婚了，布萊恩搬到聖地牙哥，於是兩人便一起生活。就在愛莉兒請阿瑪幫她找到靈魂伴侶的一年後，阿瑪在數千人面前為這兩人主持印度婚禮。「那是十六年前的事情，我到現在都深信我們註定要在一起，」愛莉兒繼續說，「但如果我沒有表達我想要什麼，我就不會找到布萊恩。你不開口求，就得不到。你必須將心願講給至少一個人聽，才算真正許下願望——你要把『這是我想要的』說出來，這樣才能創造自己的人生。表達是為自己心願負責的方式。」

元旦那天，我想起愛莉兒的建議，我要為我的心願負責，所以我在網站上寫下：**我的目標是要用感恩、關愛、靈感和希望展開這一年。**我希望這趟旅程讓我學會活出理想，也希望在這方向裡我的每一步都表達出我的目標，更靠近我的人生終極目標。

隨著日子過去，我開始在日常生活中實踐這些價值。我繼續寫感恩日誌，也加倍感激我每天見到的人，不管是我最親近的人或是我不認識的人。有一天我特別心懷感

你不開口求，就得不到。你必須將心願講給至少一個人聽，才算真正許下願望——你要把『這是我想要的』說出來。

激。我記得那天感謝我的女兒很快準備好出門上學，我感謝瑟曼煎蛋做早餐。我進教室感謝女兒的老師一年來認真教學。我感謝超市裡幫我結帳和裝袋的人。我感謝咖啡廳裡幫我煮茶的人。我讓我的每個字都充滿分量。我看著對方的眼睛，說話算話。那一天下來，我心總有一種感覺，只能稱為喜樂。表達感激讓我覺得我和形形色色的所有人都連結在一起了。

去年秋天我買了布芮尼．布朗（Brene Brown）的書《不完美的禮物：放下「應該」的你，擁抱真實的自己》（*The Gifts of Imperfection*）。這書名顯然很吸引人，布朗博士在心靈成長的圈子裡造成旋風。她書中的主題是羞愧感和玻璃心，每個人都深受影響，儘管我不覺得自己特別容易受到羞愧感影響，但還是覺得她的書能給我一些啟發。話雖如此，每次我要找新書來看時，我都會跳過這一本。但有一個晚上，就在我心懷感激的那天沒多久，我忽然想起這本書，便拿起來讀，老實說，其實是因為這本書很薄——不像其他書那麼厚重。

我先掃描目錄，這是我的習慣，不會立刻栽入內文，我的眼神注意到其中一章「培養感恩和喜樂」。布朗博士的研究讓她有機會採訪全國數千人，她在那一章說：「毫無例外，受訪者中每一位說他們過著喜樂生活，或說他們感覺很喜樂的人都很積極表達感激，而且都說他們的喜樂來自心懷感激。」以我的經驗來說，這不難相信。

接下來的日子過得很快，就像跑步機設定在我體能跟不上的速度，但我繼續練習事事感激，我總是能感覺胸口很溫暖。我也試著表達關愛，這更難。我很習慣對女兒說我愛她們，但我對朋友就不會那麼肉麻。我不太會向朋友表現我的情緒，但我也看出這是一個機會，讓我可以和我關心的人互動得更緊密。如瑪莉安・威廉森（Marianne Williamson）所說，「我們生來就會愛。後來才學會害怕。心靈成長的旅程就是要學著忘記恐懼和偏見，讓心重新接納愛。」

如果我想要人生擁有更多的愛，就需要更關愛別人。但我不能到處對每個人說「我愛你」，我不是這種人，而且他們會覺得我瘋了。布朗博士的書這時又幫上忙了，她說愛可以用文字說出來，也可以用行動表現出來。我要更關愛別人，不必說「我愛你」。表達愛不一定要用說的。表現和表達一樣有力量。所以我找許多機會來表現我的愛，同時用真誠的方法表達我的愛。

有一天上瑜伽課時，我對朋友說，「我好愛你的熱情，因為你很享受瑜伽，讓我愈來愈喜歡上課。」她沒有用奇怪的表情看我。我這句話也沒讓她難為情。她似乎很感動，給了我一個溫暖的擁抱。過幾天，我聽朋友聊起她和青少年階段的兒子很難相處。我完全沒碰過她正在經歷的關卡，其實聽她的挫折讓我有點不自在。一想到若我女兒會抽大麻或喝酒就害怕。但我看著她的雙眼，看出她的痛苦，然後靜靜傾聽。我忍住批判、恐懼，和心裡那個小聲音說：「那是妳的問題，不是我的問題。」我敞開心胸聽她的經歷。她就坐在那兒，雙眼噙淚地說，「我很害怕接下來會發生什麼事。」當我回應說「我懂」的時候，我是真的懂。我或許從來沒有體會過她的經歷，但我確實會擔心孩子，害怕她們變壞。

我發現她的經驗其實一點也不陌生。當我敞開心胸專心聽她說話，我就可以將心比心。當下，我相信我的支持和體諒就是一種愛的宣言。

表達關愛，不管透過文字或行動，都是活出目標的核心。當我們一舉一動都充滿關懷時，我們就會想把喜樂帶給自己和身邊的人，將善良和光明帶給全世界。所以我持續關愛的練習。我在日常生活中增加了關愛與良善的冥想，當母親來幫我照顧女兒的時候，我會擁抱她，說我愛她。我會打電話給父親關心他。我會為瑟曼和孩子用心做飯。當我伸出手——有時候是真的伸出手——表示關愛時，我可以感覺到我在自己周圍建築的高牆（我以前根本不曉得有這道牆）開始瓦解了。我感覺比較脆弱，但更好相處了，我比較沒有安全感，但大家比較看清我了。這需要一點時間，不過相當值得。當我向別人表示關愛，我也覺得更受關愛——不只是別人愛我，我也愛自己。

如布朗博士所說，「愛不能給予或接受，而是要孕育或呵護，愛是一種連結，只有當兩個人內心都有愛的時候才能培養起來——我們愛別人多少取決於我們愛自己多少。」

當我們擁抱著對自己的愛，就能容易接受別人對我們的愛。感覺到愈多愛，就能付出愈多愛。愛會不斷滋長，然後影響我們身旁的世界。最後，表達目標就是要愛我們自己，知道我們值得幸福、喜樂和呵護。當我們表

表達關愛，不管透過文字或行動，都是活出目標的核心。當我們一舉一動都充滿關懷時，我們就會想把喜樂帶給自己和身邊的人，將善良和光明帶給全世界。

達目標時，便能認知到我們信任自己和身邊的人。當我們表達關愛時，不管是透過文字或行動，我們都在向世界傳遞愛。如果我們努力做得更多，想想看我們能創造出多少美好，不只是為自己，更為了世世代代。

有目標的生活：反省與練習

我創建 Intent.com 網站讓大家可以表達自己的目標，找到共鳴和其他人的支持。表達目標可以透過文字，也可以透過行動。

1. 在日誌裡寫下每日目標，或寫在我們的網站上，或利用手機應用程式。這可以是你一天的目標或一個禮拜的目標，或者你也可以每天強化同樣的目標。

2. 今天就對一個你很重視的人說愛他。

3. 找一天練習用行動傳遞愛。擁抱你愛的人，打電話給一個老朋友，感謝超市裡的收銀員，或對收垃圾的清潔人員微笑。

活出目標的練習：畫出心智圖

有時候表達自己的目標並不容易。畫心智圖是釐清思緒的方法，讓你可以開始表達最深層的願望。

☆ 在這本書書末日誌的部份或找一張白紙，寫下「讓我快樂的事情有哪些？」

☆ 把你腦中立即浮現的念頭都寫下來。不要想太多。只要寫下你的感覺、行動、情緒、人名或地名，都寫在紙上。

☆ 限時一分鐘之內全寫下來。

☆ 把主要的想法圈起來。

☆ 花一分鐘回想你看到的大主題。

☆ 今天就選其中一個主題，想想你如何讓這方面更充實。以這個主題為中心，創造或寫下一個簡單的目標。

☆ 這時候只要寫下目標，埋下種子就夠了。接下來的這一週，每天早上或睡前回想這個目標。或許冥想結束之後唸出你的目標、或在網站上公布你的目標會更有幫助，連續一週每天不斷強化。

☆ 把心智圖貼在一個特別的地方，讓你常常看得到。

以下是我的心智圖，以及一些目標。

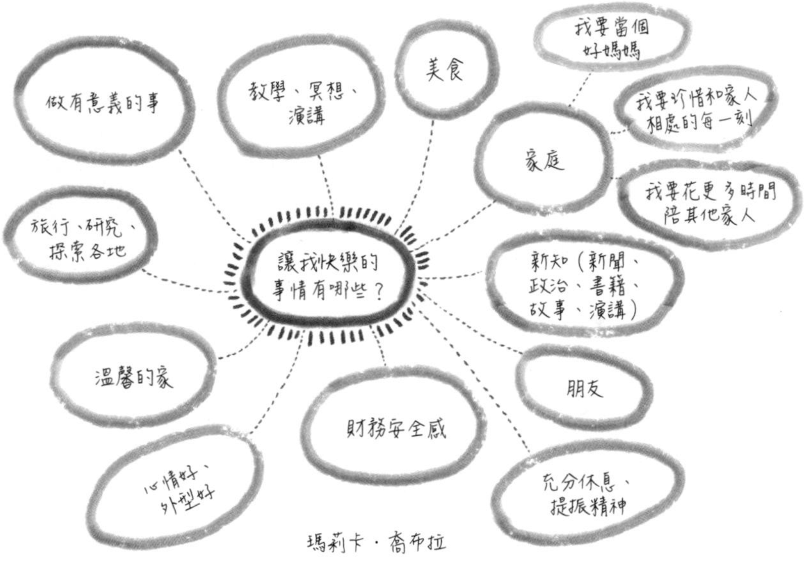

活出目標的練習：
寫封信給自己

☆ 選一張漂亮的信紙和一枝你最喜歡的筆。

☆ 花五分鐘冥想，思考接下來六個月的生活目標。

☆ 在信中標明日期。

☆ 無拘無束地寫一封誠實的信給自己，寫下你六個月後想要在哪裡。你想要實踐什麼目標？你想要完成哪些事情？

☆ 簽名後封上信封。

☆ 把這封信放在家裡安全的地方，在行事曆上提醒自己六個月後拆信。

第六章

孕育

我登上飛機，在前方置物袋裡放好書本、雜誌和平板電腦；脫掉鞋子，擺好毯子和枕頭準備好長程飛行。很難得在飛往印度之前我竟然這麼放鬆。通常要帶小孩旅行一整天的話，我在起飛之前就已經煩躁不安了。在登機前我要先餵飽她們、下載影片到她們的平板上、確定她們在超過二十四小時的航程中有足夠的活動，每一次都急匆匆。今天卻不會。我已經很久很久沒有獨自搭乘遠程航班了，老實說，我覺得好像要去水療館紓壓一樣。我下載了英國影集《唐頓莊園》（*Downton Abbey*）的前三季，而且我可以在不受打擾的情況下看完。今天晚餐我甚至還可以來杯香檳。今天的我可以隨心所欲。

我要去印度和外公外婆住一個禮拜。他們這一輩子都在照顧三個女兒、六個孫子孫女和六個曾孫，還有其他親戚。現在他們分別九十二歲和八十九歲，該換我們照顧他們了。以他們的年紀來說，他們還很健康，可以自理生活，但我們都覺得有人在身旁比較安全。通常是我阿姨、姨丈和外公外婆住在一起，不過這禮拜他們要去泰國旅遊。母親前一陣子才去探望我外公外婆回來，姨媽姬塔打算一個月之後過去。他們需要有人填補空檔，我就決定挺身而出。我已經太久沒有住在外公外婆家了，將近二十年了呢，我想到能獨自和他們相處就很開心。更何況，我知道他們的日子不多了，我不希望錯過陪伴他們的機會。

幾年前當祖父往生時，我們家每個人都輪流陪祖母住一陣子。這幫助她也幫助我們所有人度過那段傷心的時光。現在我女兒大了，我比較放心和大家一起輪流陪伴外公外婆，尤其我離開家的時候，我母親會住進來照顧瑟曼和女兒，讓我無後顧之憂。不過，我看得出來這幾個月內我改變了不少。當我幾個月前報名健身營的時候，我想到要離家一週就幾乎焦慮到癱瘓。現在我卻很珍惜這機會。是不是我在學著鬆開手中那條家長的韁繩了？就算是一次只鬆開一個指節？

起飛後，我滿腦子都是小時候去印度看我外公外婆的童年回憶。我們每一年去印度一次，外婆家就是所有阿姨、姨丈、表兄弟姊妹、朋友、朋友的表兄弟姊妹聚會的地方，甚至有人會帶街友進來。訪客川流不息，我們一直喝著茶，聊著東家長西家短或政治時事，外婆則在廚房烤餅乾和布朗尼。直到今日，烘焙點心的香氣還是能立刻帶我回到外婆家。外公會帶我們到知名景點印度門去野餐，或德里動物園附近踩天鵝船。就連幾年前我帶孩子去印度的時候，外婆還是繼續烤餅乾，外公則在車道上陪女兒打板球。難怪我那麼喜歡印度：我的印象圍繞著外婆家那隨時敞開大門歡迎我們的溫暖。

飛機於晚上十點降落在德里，當我走出海關，就看到公公婆婆在等我。我很感激能嫁入這家庭。我二十五歲那年和瑟曼結婚，所以我其實是和他與他的家人一起成長，我真的覺得他們就像我自己的家人。在車上，我和大家分享泰拉和莉拉的近況，也聽聽家族的新八卦。我們開到了我外公外婆住的那一區，看到我外婆披著浴袍在門口踱步。她的銀髮在月光下閃耀。

一見到她，我就成了那個十幾歲的小女孩。以前，我晚上總會和表哥表姊出去玩，不管我多晚回家，外婆總是在等門。我跳下車、環抱著她日漸瘦小的身軀，呼吸著那熟悉的歐蕾乳液香氣，那是她最喜歡的保養品。「外婆！」我一哽咽，無法再說話。

公公幫我把行李提進去，婆婆則溫柔地嘮叨著我外婆不應該熬夜。我謝謝他們送我一程，然後跟著外婆進屋去。她幫我安置在客房裡，這裡三十年來都沒變，這時外公快步走來，穿著他習慣的那件睡衣，披著披肩。他抱了我一下，但我可以感覺得出來他累了，我求他們快回去睡。這一夜晚睡，他們得花好幾天才能補充體力，但我知道他們絕對不會聽我的話——他們對我的愛又讓我濕了眼眶。

我爬到雙人床上，床墊又薄又硬，就和我記憶中一樣。外婆貼心地放了一條手工蓋印的被子，免得冷氣太強。床單與被子的味道如此熟悉令人安心。我看著天花板吊扇在頭頂轉啊轉，這畫面我已經看了千百遍，於是決定拿出日誌寫下：

我到德里了。彷彿我昨天就住在這裡，還沒結婚，仍給外公外婆照顧。他們以前到美國去照顧我和高森的時候就接近我現在這個年紀。時間之輪的轉動方式真令人意外！

我剛回到這裡一小時，外公外婆已經來看我三次了，為了要確定我夠舒服自在。我忘了被人關懷的感覺有多美好。我覺得很安全、呵護備至。

我醒來的時候手中還握著筆，餅乾和茶的香氣瀰漫到房間裡。之後我和外公坐在外頭吃茶點，聽著本地賣青菜水果的小販在街上拉著木製推車的叫賣聲。我還有點時差，所以去公園散散步；我比住在這裡的人都年輕個三十歲，我可以看到老人家們想搞清楚我是誰，最後話傳開了，「那是芮塔的女兒，」我聽到他們交頭接耳點著頭。我覺得很安全，就像在家一樣，儘管身邊都是陌生人也不怕。當我回到外婆家，我洗了個水桶澡——是真的拿水瓢從水桶裡舀水來洗澡，這是傳統印度省水的方式——然後再吃外婆做的早餐，她永遠會附上切好的柳橙和蘋果，並堅持我一定要吃完才能離開餐桌。

接下來的七天，我睡的比過去一年還多，每天吃三頓健康的料理，出門散步，和親戚朋友聊天。大部分的時間我都在陪外公外婆。沒想到我這麼快就適應了緩慢的步調。調整風扇、開關窗簾、準備餐點、閱讀報紙、上菜市場、拜訪親戚、享受外公在電話上聊天的聲音。在他們的世界裡，這些就是每日的「生活」，他們刻意強調「生活」，我相信一定有意義。

我突然懂得生活的意義了。年紀愈大，生活就會回歸到最重要的面向：**花時間和愛你的人在一起**。在簡單的儀

年紀愈大，生活就會回歸到最重要的面向：花時間和愛你的人在一起。在簡單的儀式裡找到慰藉。呵護你的身心靈。

式裡找到慰藉。孕育你的身心靈。這就是幸福的所在，我得記下來。我猜我們大多數人都一樣，忙碌的日子很容易讓我們分心，一天一天就過去了，但我們必須找到方法把這樣單純的愉快放進忙碌的日子裡。

有一天吃早餐時，我在和外公外婆聊天，這時才想到我雖然覺得自己被生活搞到焦頭爛額，但其實完全比不上我外公外婆經歷過的大風大浪。他們的經歷遠超過我的想像。他們二十幾歲時就逃離巴基斯坦的戰亂，在印度以難民的身分從零開始，外公在第二次世界大戰時報效空軍，他們曾搭船穿越蘇伊士運河，而在歐洲顛沛流離。我想著我和瑟曼擁有的一切，我們有能力繳稅還貸款、我們能教育女兒、我們能保持身體健康和工作勤奮、還有機會旅遊——這一切的一切都讓我覺得很欣慰。我們不孤單，是人類體驗中的一小部分——儘管我們的經歷不像我外公外婆那麼波折。

我準備離開前，有個想法一直縈繞腦中：我希望可以將外公外婆的關愛與呵護打包裝進行李箱。我希望自己能一直備受寵愛、持續放鬆。其實我一直都知道我們角色顛倒了。我飛過半個地球來的目標是要照顧外公外婆，但事實上，這幾天是他們在照顧我。給我吃、陪我玩、疼愛我、呵護我。提醒我什麼是最重要的事，並且療癒我的身心靈。

幾個月前，當我列清單寫下實踐目標過程中該做的事時，「孕育」就是我最先記下的單字。首先，在實踐目標的過程中孕育你的目標很重要。愛莉兒・福特花了好幾個月的時間孕育她想找到靈魂伴侶的心願。安德魯・威爾想要開一間結合健康飲食與美味料理的餐廳想了好幾年。他開第一間「真實食物」（True Food）餐廳時已經六十六歲了，他在同名食譜裡寫道：「實踐夢想永遠不嫌遲……如果你長時間孕育一個想法，我保證你用來醞釀想法的那幾十年絕對是個恩賜。」

因為目標不會隔夜就實現，所以你這一路上都要呵護

實踐夢想永遠不嫌遲……如果你長時間孕育一個想法，我保證你用來醞釀想法的那幾十年絕對是個恩賜。

自己——對自己好一點，接受過程中的挫折，該休息就休息，在需要支援時讓其他人來幫忙。我去見外公外婆，讓我得到了向前奮鬥時所需要的情緒支持。

我才離開家一個禮拜，但當我回到聖塔莫妮卡，走進家門的時候，我覺得好像隔了好幾個月——歸途比我想的更顛簸。看到瑟曼和女兒讓我喜不自勝，我很感激母親把他們照顧得那麼好。我也急著了解他們的近況。不過，當他們說起我不在的這幾天學校和工作上發生了哪些事時，我可以感覺到我的血壓開始飆高。我盡量保持冷靜、表現支持、處於當下，但這不容易。各種混亂、噪音、需求，就連他們的故事也都讓我壓力好大！

後來，當我躺在床上，我一直想弄清楚自己為什麼會馬上覺得那麼緊繃，才發現他們的瑣事就像是一杯我常喝的雞尾酒，成分是愧疚和煩惱。泰拉提起她同學決定要上哪間中學，我不只是聽進她說的話，我還把我附加的情緒包袱都扛起來了：那泰拉要念哪一所？那間學校適合她嗎？當瑟曼說他的大案子碰到了障礙時，我的心就快要摔下懸崖，想著如果案子談不成怎麼辦。

我閉上眼睛冥想。呼吸時，我提醒自己需要相信一切都會沒事。不要聽幾句話就立刻陷入慌亂模式，我需要穩定，也就是處於當下。這當下的真實才是現實。而今晚的現實是：我睡不著。

夜深了，但睡不著，在冥想後腦袋稍微冷靜一點了，我就拿起瑪麗安．威廉森的《改變的禮物》（*The Gift of Change*）來讀。她是我父親的老朋友，雖然她的著作一直很吸引我，我卻沒有看太多。我翻一翻，開始認真看關於壓力的章節。「每次我們心想『哦，我的天！我有好多事要做，不知道該怎麼辦』的時候，我們可以改變想法，把所有的重擔都交到上帝的手中，請祂賜我們一個奇蹟，然後先謝謝祂讓奇蹟發生……當我知道上帝神力無限，就不會再因為自己的能力有限而緊張。」

噢，拜託，我心想。這有什麼用？上帝又不能載小孩上學。上帝不能幫我的員工處理危機，或找來新的投資人，或幫我寫這本書。

沒錯，有個細微而友善的小聲音說，但信任宇宙來孕育妳的目標，妳就可以釋放部分壓力。妳可以選擇不要那麼鑽牛角尖，相信最後一切都會沒事。

儘管我有點抗拒，仍還是繼續讀下去。瑪麗安・威廉森的觀點讓我想起不久前在喬布拉中心網站上看到的一段話，所以我拿出筆記型電腦，花一點時間後找到了那篇文章，標題是「十個呵護心靈生活的方法」，其中第九點是：

讓心來領導……不要聽那個聲音說你得負責，或以為要戰戰兢兢才能成事。其實，你應該讓心來找到新方法。許下心願來讓一切如意，然後放下，讓機會來到你身邊。

難道我可以一直像有外公外婆呵護一樣，讓宇宙或神明或上帝來寵愛，只因為我以為自己太重要，而把行程排得太緊湊，所以才忽略了這一點？同樣重要的，我有沒有辦法在獨處時善待自己，而不必在跨越半個地球的旅行中才能感覺到呢？

在瑪麗安．威廉森的書裡曾提到：「壓力就是你把不是真的當成真的，必然會出現壓力。用這角度來想，壓力就只是一個選擇。」這句話敲醒了我。或許我的生活不複雜，是我把生活搞複雜了。沒錯，我每天要處理的事情比外公外婆多，但我靠著煩惱未來、懊惱過去就把忙碌織成混亂。難道擔心自己生活失衡其實就是自己創造出來的迷思——因為我一直過度渲染壞事又過分低估好事，導致生活才一直不能平衡？

我無法甩開焦慮感，也不能減少生活中造成壓力的因素，但我可以學著轉念，當認知自己走偏了，就得放下自以為能主控情勢的妄想。事實上，不管我煩惱或不煩惱，生活都會過下去。那為什麼還要和生活對抗？何不慢下來，讓大家都鬆口氣，相信我一定能得到我需要的支持。

不管我煩惱或不煩惱，
生活都會過下去。

當我回到家準備就緒時，我努力想把在外婆家感受到那種備受呵護的感覺，帶回自己家。有一天我明白了：那時我允許自己懶散。我可以花好幾個小時解字謎。我在印度時讀了一本很精采的書，還去髮廊整理造型。當然，在這裡我是個職業婦女不能虛度時光，但可以允許自己做一些很享受的事情，不管是和朋友散步或蹺班和瑟曼去看電影。好幾個月來，我一直不准自己浪費時間玩電動或滑臉書。但這些事讓我很放鬆，也讓我很開心。如果這些事情不會佔用掉太多時間，導致我不能完成更重要的事（像是獲得充分睡眠），那有什麼關係？或許我強加在自己身上的罪惡感比這些活動帶來的問題更大。如果我跟自己說可以做這些很享受的事情，就算沒意義也沒關係，那會怎麼樣？如果我認為浪費時間和健康飲食、定期運動一樣重要會怎樣？如果我接納這些活動因為很有趣，又可以讓我心情好，那會怎麼樣？一想到我可以沉溺在這些「壞習慣」而不受罪惡感鞭笞，我就覺得心頭一鬆、壓力頓減——比我在德里的時候還更無壓力。

我想起祖母，她早晨禱告時都會用小風琴（harmonium，或稱印度手風琴）伴奏並唱出來。祖母的歌聲並不好聽，但她喜歡和她朋友查特吉太太學小風琴，那位太太每隔幾天就會來找祖母。她們會一起唱禱告詩歌，聊天八卦，分享社區裡的大小事。我祖母是我見過最照顧大家的人，但她也會花時間善待自己——冥想、祈禱、上菜市場買健康蔬果、關心朋友、享樂和做很多事情（甚至她不擅長的事）只因為這些事能讓她愉快。

這和我的生活反差好大，我認識的大部分女性也沒這樣過日子！我們可以從長輩身上學到幾件事。我想起不久前我朋友分享的故事。有個策略顧問花了一個月同時進行四項大專案，都要在同一天完成。同時間，她還要照顧兩個十幾歲的兒子——協調他們運動的時間、載他們到處跑、盯他們做功課、並處理青少年反覆不定的情緒。除此之外，她的丈夫那時候剛換工作，很需要她的依靠。什麼運動啊、飲食啊、睡眠啊、休息啊都別想了。她幾乎每天二十四小時都要隨時待命。

就在她要上台簡報前一週，她得了重感冒，整個人病倒了。她什麼都不能做，只能癱在床上，連去上廁所的體力都沒有。病情如此嚴重，她還收到老闆來信問她準備簡報的進度。她沒生氣，只覺得很愧疚、很失敗。她覺得她讓所有人失望了：她的老闆、她的小孩、她的丈夫。她的情緒和身體一樣慘。然而正因為她什麼都沒辦法做，反而有時間思考。休息一週沉澱心靈之後，她才明白她的責任感重得太不合理了。沒錯，她想要當個值得信賴的員工、呵護孩子的媽媽、支持丈夫的太太，但她也必須照顧好她自己。當她檢視生活事項的輕重緩急，她發現她連怎麼排序都不知道。「這聽起來很老套，但我一直想起在飛機上人們總是會說先帶上氧氣罩，再幫其他人，」她說，「我就是那個沒有氧氣罩還一直想幫其他人的人！」

她痊癒後做的第一件事就是練習冥想。她在手機上下載了冥想的應用程式，還報名了歐普拉與迪帕克的二十一天禪修體驗。她每天起床就先花一點時間冥想，讓她可以沉著地面對自己的責任。過了一陣子之後，她發現一天內只要停下來多深呼吸幾次，就算忙得一團亂，也能重獲安寧與嶄新的觀點。「結果，那場感冒其實是因禍得福，」她說，「更改變了我的人生。」

這時我想起了她，發現她的故事就是我的故事——也是每個女人的故事。我們都在照顧別人，代價卻是我們都沒有照顧到自己。我們在照顧別人的時候會得到深刻的滿足感，這一定是我們基因的一部分，但如果我們不用同樣的方式照顧自己，我們就不會完整。我們要為愛敞開心胸，接受幫助、尋求支援，相信有一股力量在我們掌握之外，可以給我們指引、安慰，並帶領我們安穩地通過難關。我朋友得感冒或許只是巧合，但話說回來，那或許是宇宙想讓她好好休息一下。

如果求助是你表達目標的一部分，那也絕對是孕育目標的關鍵。幾年前我懷泰拉的時候很期待成為媽媽，但同時明白我仍想追求專業發展。在孩子出生前有一點時間，便想何不設定目標完成我的商管學位呢？當然，要安排時間會有點挑戰。我那時懷孕四個月，住在洛杉磯，而我的學校在芝加哥西北大學凱洛格管理學院。但我打給迪帕克．詹恩院長，他願意讓我用比較彈性的方式完成學業。他重新規劃課程讓我可以在加州大學洛杉磯分校的安得森管理學院當交換學生，產後再進行獨立研究，最後回到芝加哥凱洛格管理學院結業。

我很感激詹恩院長的支持，但過程中有個關卡：我得帶著三個月大的嬰兒去芝加哥。瑟曼在洛杉磯的工作前景甚好，他不願意和我去芝加哥，那我該怎麼辦？

我考慮過拋棄我的目標，放棄攻讀商業管理學位的夢想，但我知道一定還有其他方法。問題是我得要求助。我反覆思量了兩個禮拜。我不想麻煩任何人，或期待他們為了我擱下自己的生活，但我真的很想要重回校園，如果沒人幫我，我實在辦不到，所以我終於鼓起勇氣開了口。我生命中的女性守護者——我媽媽、我婆婆，還有我住在印度的阿姨——都毫不遲疑。她們說會盡力幫我達成目標完成商業管理的學位。所以在泰拉出生後，我帶著一個新生兒來到芝加哥，在媽媽和婆婆的陪伴下，請她們輪流照顧剛出生的女兒（和我）並讓我完成學業。我在餵完母奶之後，衝去學校上課，再趕回在校園附近暫租的公寓繼續餵泰拉喝奶。

這很瘋狂、很混亂——卻是我人生中最魔幻的時段之一。當我在照顧新生兒時，上一代的女性就在呵護我，大家都支持我的企圖心。她們經常用「照顧一孩子要動員一村子」這句老話提醒我。我還在 Intent.com 網站上打造一村子，連結社群裡當媽媽的朋友，我知道這有多強大的效果。當人們互相支持，就能創造動能，建立信心，鼓舞其他人採取行動，跨出必要的那一步做出改變。我們都需要「那村子」。那為什麼還要覺得請村民幫忙很困難？

我的村子裡不只有我的家人，還有很多朋友。蘿蜜就是把我拉去健身營的朋友，她還在其他方面推了我一把。許多年來，我一直說我熱愛教冥想，但我覺得女兒年紀還小，沒時間授課。終於，有一年她聽膩了，她小孩就讀的中學要辦募款活動，她沒先問過我就把我的冥想服務拿去拍賣。出乎我意外，冥想服務竟然在兩分鐘之內就賣出去了。第一堂冥想課開了以後又陸續開了好多堂。而現在，我教冥想的目標已經茁壯成令人滿意、驕傲的現實。我把冥想這份禮物分享給數千人——若沒有蘿蜜的支持和信念，這一切可能都不會成真。

同樣地，若不是我朋友鼓勵我加入她們的瑜伽課，我今天也不會做瑜伽。若沒有她們驅使，我不會週復一週地持續上課。我還開始固定和我朋友拉娜健行，這是個保持聯繫並維持健康的好方法。我這些注重體能的朋友啟發我、鼓勵我、鞭策我繼續下去——這現象已經獲得研究證實了。和朋友一起運動的人比較會定期運動，而且更願意在運動時逼自己再努力一點。我們人類是社交的動物。我們需要彼此。當我們幫助彼此，奇妙的事情就會發生。

同樣的概念也可以套用在幸福上。幸福有渲染力。蓋洛普展開的調查顯示出如果你有一個快樂的朋友，那你比別人多出百分之十五的機率感到快樂。更有趣的是，如果朋友的朋友很快樂，那你比別人多出百分之十的機率會感到快樂，代表快樂會傳染。這跟減重的影響也很相似，「獨瘦瘦不如眾瘦瘦」。

當然目標也一樣。當我和我的村子緊密相依，便是在孕育我的目標。這聽起來很簡單，卻是我得反覆學習的功課。或許我學的比較慢，不過可以換個角度講，我認為女性幾乎已經被社會教育成習慣單打獨鬥，從不願意承認我們需要幫助（我們承認吧，或許男人也是！）這訊息很不好——我們必須徹底拋棄這種念頭。我在生命中完成的所有大事全都要靠別人支持才能成功。

這本書就是個好例子。在我有了寫書的念頭之後，就一直停滯在提案的階段。我沒辦法往前進，也不明白我到底想說什麼。我向我的經紀人琳達·洛文塔爾說明難處後，她說：「讓我來幫妳！」琳達擬了許多提案，幫忙找出重點，精雕細琢，最後製作出全面的提案。她鞭策我寫更多，並花自己的時間陪我反覆修潤。有了她的支持，我終於能有個端得上檯面的提案，吸引了很多出版社的注意。

等我談好書約，才明白自己接下了多麼龐大的責任。我得進行研究、寫作並出版一本書——提案有多吸引人，這本書就要有多棒。我對琳達說這工程浩大讓我有點卻步，她建議我僱個人一起合作。我自尊心作祟，當下的反應是：「拜託，我才是作者耶！幹嘛要僱人來幫我寫書？」但我想了一下，過幾天之後，不情不願地承認我確實需要協助。我答應面試幾個人，在談過一輪之後，就發現琳達才是對的。找個頭腦清楚的人一起合作很棒。不僅如此，我的想法也改變了。我明白尋求協助一點也不影響我作者的身分。事實上，如果我認真地想落實目標，寫出好書，**尋求協助**才是聰明的作法，才是**正確**的作法。

我生命中完成的所有大事全都要靠別人支持才能成功。

現在，我已經開始進行了幾個月，真的很高興。和我的同事吉妮．葛瑞芙一起工作很值得，這是我做過最好的決定。我們一起腦力激盪，討論章節、重新安排故事、分享心得，並互相打氣。有個夥伴讓寫書的工作更好管理，也沒那麼可怕——還添了更多樂趣。

就算有吉妮的協助、以及家人朋友和琳達寶貴的支援，我寫書的信心還是一直在動搖，有時候充滿自信，有時候則懷疑自己瘋了。為什麼我寫的東西會有人想看？我憑什麼覺得我辦得到？我竟然扛下這麼大的責任真是白痴！

我內心批評的聲音從沒停過。有時候對我生活中的好事表達感激，可以讓那聲音暫歇，像是感激我有寫書的機會；對能同情我的村民坦承我的恐懼，也可以讓那聲音稍停。但是，那聲音一直存在我腦中，像一排士兵用穿甲彈瓦解我的信心堡壘。我向吉妮提起了這支摧毀信心的軍隊，她說她腦中那個批評的聲音是一群小心眼的女生。過幾天後，信箱裡來了一本書《寬容，讓自己更好》（*Self-Compassion*），作者克莉絲汀．聶夫（Kristin Neff）研究這主題已經超過十年了。「這本書幫我趕跑了腦中的小賤人，」吉妮在便條紙上寫著。「我們該把那些碎嘴的女生驅逐出境了！」

我大笑出聲，感激的不只是有機會看出困境中的幽默，更感激我不是一個人——讀了幾頁克莉絲汀．聶夫的書之後，我明白了一件事：認知到我們不孤單，理解凡人都有挫折就是對自己寬容的重要元素。

「寬容的情緒來自理解到凡人不完美，」克莉絲汀．聶夫寫下，「對自己寬容就是理解到所有人都會犯錯，難免會做錯選擇或後悔，不管一個人多厲害、多能幹……自我同情是說『我好可憐』，自我寬容則是記得每個人都會受苦，這麼想會好過一點，因為我們都是凡人。」

當我一直在打擊自己的時候，就只能目光短淺地看到自己，看不到其他人也有相同的遭遇。就算在社群媒體上看到我朋友的成功也無濟於事。社群媒體是個論壇，我很喜歡在社群媒體上聯繫朋友，但也討厭每個人都只放幸福洋溢或成功順利的畫面。我在同溫層裡看不到他們的痛苦、不安或厭惡自己，這讓我覺得很寂寞。我已經知道社群媒體很適合用來瞭解親戚朋友的近況，但卻不是個尋找支援和傾訴的好地方。要取暖，我需要我愛的人，有血有肉，有同理心、有憐憫心，聽他們的掙扎，讓我找到度過難關時需要的慰藉和新觀點。

就像披頭四的音樂，「我是他，你是他，你是我。我們都在一起。」如果我可以提醒自己這一點，就不會把自己的痛苦看得那麼重。如果我可以轉化我的不安全感，就會更體諒自己、更寬容自己。從「我很孤單」到「人都有難關」，克莉絲汀·聶夫教我們把自己當做一個很珍惜的朋友來對待。我們必須讓自己從痛苦中離開，停下來，認知到我們難受的情緒說：「這真的很難」。對自己好一點可以幫我們安撫打結的腦筋。她說，和自己當朋友，「我們就能給自己溫暖、溫柔和寬容。」

有一天我正思考著克莉絲汀．聶夫書裡說的話，就發現信箱裡有一封亞麗安娜．赫芬頓的電子郵件。我三個月前寄信給她，介紹了我的書，希望能徵求她從失敗中站起來人生故事。過了一個禮拜我都沒有收到她的回音，我心中的小劇場就自導自演了起來。她大概是覺得妳的提案很蠢。為什麼妳覺得她會有時間應付妳的問題呢？如果她回信，八成也只是因為她尊重妳父親。

她友善而誠懇的回信讓我想起我們都要面對的挑戰和挫折。她在信裡面說她的第二本書被每一間出版社拒絕，而當她創立《赫芬頓郵報》（*Huffington Post*）的時候，引來各界批評。她在電子郵件裡說：「《赫芬頓郵報》創立的時候各種評論都有（包括有人說那網站就像是絕配殺手、伊斯達、天堂之門等爛片的總和）我的第二本書連續被三十六間出版社拒絕，那是我生命中的低點。被拒絕二十五次之後，妳大概會以為我會對自己說：『嘿，這麼做好像不太對。或許我該換個職業。』」

亞麗安娜．赫芬頓並沒抱著毛巾哭，而是提醒自己小時候反覆聽到她母親說的話：「**失敗不是成功的相反。失敗是成功的墊腳石。**」不過，她還是又窮又沮喪。「我沿著倫敦的聖詹姆士街往下走，那是我當時住的地方，然後看到巴克雷銀行。我那時什麼都沒有，只剩厚臉皮，我要求見經理，請他給我貸款。雖然我什麼資產都沒有，那個銀行經理還是給了我一筆貸款，他的名字是伊安．貝爾。這筆錢改變了我的人生，因為那表示我可以撐過後面的十三次拒絕，最後終於有人願意出版我的書。」

這就是孕育目標的力量啊！亞麗安娜．赫芬頓沒有懷疑自己，沒有打退堂鼓：她伸手尋求協助。如她所說的，「在童話故事裡，總會有願意幫忙的小動物不知道從哪裡冒出來，幫助主角度過難關，通常會帶領他們穿越森林。嗯，在生活中也一樣，很多願意幫忙的小動物化為人形——就像銀行經理伊安．貝爾，我現在每年還是都會寄聖誕卡給他。所以，成功和失敗的差距往往是在毅力。看我們在成功之前能堅持多久。只要爬起來的次數比跌倒的次數多一遍就行了。想通了這一件事就能獲得動力。」

她的話講到我的心坎裡，每個人都會跌倒。所以目標不是要避免跌倒。而是要站起來，拍拍灰塵，再起步。有了願意呵護我們的朋友幫忙——還有我心中那憐憫的聲音——我很確定我能開創出我想要的人生，充滿使命、意義和愛。

當我決定要寫這本書，探索活出目標的意義時，我列出了我想要訪談的對象——其中一個名字就在最上方：瑪麗安．威廉森。她和我父親是老朋友了，交情超過二十年。他們的寫作生涯在同時間茁壯，兩人一起促成九〇年代的新世紀對話。我聽過她的演講，總是驚訝於她如此聰穎。她很堅強，敢做敢言，而且投入於散播愛的福音。她不久前宣布要參選國會議員，我並不驚訝。她是個行動派，有能力創造改變，當她答應在忙碌的競選生活中撥時間和我談談的時候，我簡直樂壞了。

瑪麗安．威廉森邀請我到她位於西洛杉磯的新公寓見面。我提早到了，坐在車裡複習她書中的重點。我希望盡量做足準備，面對這位傑出的女人。當我走到她公寓門口時，我抹抹褲子擦掉手汗。我今天內心小劇場很激動啊。在我敲門之前，我閉上眼睛，交叉雙臂抱著自己——這是另一個克莉絲汀．聶夫建議的技巧，可以安撫自己。我抱了十或十五秒鐘——當我放開手臂，我覺得更沉著了。

競選團隊的義工替我開了門。「送瑪麗安進議會」的海報就貼在牆上，廚房桌面上有很多箱子，上面標著「餐盤」，都還沒拆開。我坐在起居室裡，聽見義工在隔壁房間打電話，請選民支持瑪麗安。這一切讓人好興奮。

幾分鐘之後，她走進起居室，溫暖地抱著我。我們開始談話後，我提起母親一直支持父親發展他的職業——讓他四處出差旅行，不必擔心孩子在家裡好不好，瑪麗安一聽就笑了。「就是說啊！」她說，「我就沒這麼好命了。我演講都有原則：女兒優先。沒有任何事比當好媽媽更重要，這一直是我最重要的事。她還小的時候曾經對我說：『媽媽，妳要離開家兩天也沒關係，但不要超過兩天好嗎？』我一直盡量信守承諾。」

瑪麗安是單親媽媽，她見識過的挑戰比我的更嚴峻，但她的重點不在她的難關，而是那些狀況比她更清苦的人。她說：

育兒這工作不能單靠一個人。我非常清楚，身為一個單親媽媽，我的工作讓我有資源可以雇用幫手是多麼幸運的事。但我卻常常想起那些在工作和家庭都無法滿足需求的家庭。妳和我都覺得育兒很辛苦，妳和我都覺得育兒很累人，但我們的辛苦和疲憊比不上很多人，尤其是那些沒有經濟資源的人。有很多人責備那些不在家帶小孩的媽媽，但那些責難太偽善了，因為平均來說，美國家庭光靠一份收入根本活不下去。以我們的經濟現況來看，很多家庭入不敷出，除非兩個家長都有全職工作。這累積下來的壓力讓人無法承受，我們整個國家的人都在同一艘船上，不只這船上幾百萬中低收入戶承受不住，我們的社會和經濟也承受不住。我們需要更強健的社會支援系統來幫大家撐過去。

瑪麗安又說：「呵護對每個人都很重要——不論窮人或富人。」她說若不是有女兒的乾爸乾媽和其他朋友，確保她的女兒感受到無條件的愛與支持，她絕對無法完成這些事。若不是周遭有很多人的幫忙，她也絕對無法參選。

我是一名候選人，我不只依賴熟知我的朋友相挺，我更需要陌生人的善意——這會讓世界不一樣。我們在社會中已經太常說「我支持你」說到都沒意義了——就好像說「你好嗎？」一樣，但不在乎對方的回應。但是當大家說「我支持你」，而且心想著「我會盡力幫你的忙」，那就完全不一樣。現在我們很難相挺彼此，因為每個人的壓力都很大。也因為這樣，當大家真的挺身而出時，則意義更重大。

瑪麗安．威廉森的話讓我更確定我們不能自己獨自實踐目標。若沒有瑟曼、母親、和無數朋友的幫忙，我沒辦法寫這本書、教冥想、或到全國各地演講。是我們生活中的這些人——可敬、可愛，但也會犯錯的凡人——讓我們更強壯。依賴他們尋求支援無妨。不管是請他們介紹工作、幫忙在禮拜六上午送兩個小孩去不同的地方參加活動，或管理專案，日子能過下去就得要感謝我們的家人、朋友、鄰居和村落。我們的目標能撐下去並持續茁壯，是因為我們的毅力，更因為我們願意請周圍的人幫忙——因為他們的慷慨、無私，並願意奇蹟般地伸出援手。

我們的目標能撐下去並持續茁壯，是因為我們的毅力，更因為我們願意請周圍的人幫忙——因為他們的慷慨、無私，並願意奇蹟般地伸出援手。

有目標的生活：反省與練習

「孕育」代表著照顧或鼓勵一個人或發展一件事。設定目標和孕育自己，就和呵護我們愛的人或自己的想法一樣重要。

1. 打電話給一位老朋友或很久沒對話的家人。敘敘舊，就算你覺得隔了那麼久沒聯絡很不好意思也沒關係。

2. 想出一件你因為沒時間而迴避已久的工作，請別人幫你做。

3. 如果你可以花一天的時間在家，完全專注於自己的情緒、身體和心靈，你會做什麼？哪些事可以讓你開懷大笑？把答案寫下來，設定目標去做這幾件事。想想哪些人可以和你一起做，或支持你去實踐這些事。

活出目標的練習：
互相支持

空出二十分鐘。或許是在散步的時候、做完瑜伽或冥想之後，甚至只在家裡安靜地坐著喝茶。

☆ 想想生活中有誰需要你的支持：你愛的人、小孩的老師、同事。把那人記下來（可以記在心裡或寫在日記裡）。

☆ 想想接下來這一週你可以用哪些方式支持這個人，或許是聊一聊，或許送他一張按摩券、或讓這個人知道你很在乎他。

☆ 一週後，落實你的目標來支持這個人。記錄你在這過程中的感受。

☆ 支持了別人，並體驗過支持別人的感受以後，花二十分鐘來想想誰可以支持你，讓你完成目標。

活出目標的練習：鏡子練習

這練習要有耐心。剛開始可能覺得有點蠢笨、有點尷尬，但它具有強大的威力，可以幫助你發掘自己的正能量（我到現在有時候練習起來還是會有點不自在。但千萬別因此停下來！）

☆ 在家裡找一面鏡子，自己獨處的時候用。可以是浴室裡的鏡子，或是坐在床上或安樂椅上手拿著鏡子。

☆ 在鏡子裡看著你的臉。認真凝望你的雙眼、你的輪廓、你的額頭、你的髮根、你的唇色。

☆ 注意你心裡剛開始會有很多評語，定下目標忽略這些批評自己的話。

☆ 當你看著自己的時候，說「我愛你」。在句子後面加上自己的名字來強調效果。花至少一分鐘的時間，每隔十五到二十秒就說一次「我愛你」。

☆ 繼續看著自己，誇獎自己當天或當週完成了哪些事。例如，你可以說，「我很驕傲你今天花了時間運動。」或「我很欣賞你每天都努力當個好媽媽。」給自己十項讚美。

☆ 要完成練習前，閉上眼睛深呼吸。吸氣的時候，把愛與療癒的力量帶進體內。

☆ 在心裡複誦著「我在」（I am）接受你今天的全貌。

☆ 張開雙眼。

☆ 持續一週並且每天練習。

第七章
行動

有一天晚上七點半，電話響了。瑟曼一接起來就面露微笑？「拉吉！」他高聲招呼，很高興聽到大學時期的好友來電。我在洗碗，女兒在寫功課，所以我沒仔細聽，但幾秒鐘之內我就察覺到不太對勁。瑟曼的聲音聽起來一點也不雀躍、也不興奮。更糟的是，他的音調愈來愈低沉冷靜。當我轉過頭，他的表情讓我的心跳落了一拍，他臉上一點血色都沒有。

「他們做切片了嗎？」他問。我盯著他，屏著呼吸，毛巾在我手中滴水。瑟曼見我臉上充滿疑惑，便用唇語說：「希瑪有腫瘤。」

怎麼可能！

幾個禮拜前，拉吉和希瑪來洛杉磯的時候我們才一起吃飯，談笑風生，聊很多故事，回想起以前的生活。希瑪容光煥發，和以前一樣。我們那天晚上回家的時候我還對瑟曼說，「希瑪是我全世界最喜歡的人之一。我好高興她嫁給拉吉。我們生命中能有他們真是太幸運了。」

這時我站在水槽前面，呆若木雞，腦中只有一個想法：千萬不要很嚴重、千萬不要很嚴重、千萬不要很嚴重。

瑟曼掛上電話以後頹坐在椅子上。他的聲音裡壓抑了很多情緒，他說希瑪發現乳房有硬塊，乳房攝影後發現有一塊組織，讓人很擔心。他們現在要安排切片和其他造影檢查，來確定是不是癌症，但她沒辦法在短時間內排進任何醫院。我立刻想要幫忙，打電話給我父親看他能不能介紹醫師，他答應會幫忙打幾通電話。

當我放下話筒，轉身看到泰拉望著我們，圓圓的眼睛透露出她相當擔憂關切。「怎麼了？」她小聲地問。她已經聽到我說出「癌症」這個字，儘管她對癌症懂得不多，但她知道癌症很恐怖，還可能很嚴重。我堂弟理席罹患腦癌，治療後失去視力和聽力。我父親的同事大衛・賽門不到兩年前才往生，讓我們所有人都很傷心。

我把女兒叫進客廳，讓莉拉坐在我腿上，我牽著泰拉的手。「我們不知道現在的狀況，」我說，「但希瑪阿姨發現了硬塊，需要做檢查才知道嚴不嚴重。」

莉拉顯然是想起了我堂弟，「她會瞎掉嗎？她會死掉嗎？」

「我相信她會好起來，」我聽起來很有信心，實際上我沒那麼有信心，「近年來癌症治療都很有效，而且希瑪阿姨很健康、很強壯，但我們應該要將正面、療癒的想法傳遞給她。」女兒看起來輕鬆多了，傳遞療癒的想法是她們可以做得到的任務，能採取行動就讓她們的心思有個焦點，不會因胡思亂想而感到害怕。

我帶女兒上床，在她們的房間裡坐一會兒等她們睡著後才離開，不是因為她們需要我，是我和她們在一起才比較放心。我走下樓，瑟曼在看電視，不過我看得出來他心不在焉。我問起希瑪的事，問拉吉的反應，問我們能幫上什麼忙。最後我們的對話聊到了其他曾經罹癌的朋友。我們提醒自己那些正面的案例——很多女生得了乳癌後都沒事，這輩子還是很健康、活得長久。然後我說出了我們心底共同的煩惱：「如果我們其中一個人病倒了，我們要怎麼面對？我們一點準備也沒有。」

我們每一年都說要寫遺囑，確保我們要是其中一人或兩人都發生變故，小孩還能得到妥善的照顧。每一年，我們都只是講講而已，就像要修理客房漏水的水龍頭或整理車庫裡的雜物一樣，這種事情就是我們一直跟自己說有一天會去做，但不是今天，也不是明天。更糟的是，我們兩個都很久沒去看醫生了，一部分是因為我們不舒服就找我父親，另一部分是因為我們和每個人一樣都有種奇怪的想法：「別人會生病，我不會。」我上次做健康檢查是四年前。在那之前，最後一次看醫生是莉拉出生的時候。她都快十歲了。瑟曼也好不到哪裡去。過去這八年來他只看過一次醫生。

宇宙繼續給我們警訊，希瑪診斷結果出來了，相當嚴重。我為她和拉吉擔心地要命。但她的診斷結果讓我大徹大悟，立刻展開行動。隔天上午，我送女兒去學校之後，就打電話給醫生。他們要調出我們的病歷時，我非常不好意思。他們不曉得我們的保險三年前才續保。接下來，我打給牙醫，替我和瑟曼預約掛號。我會定期帶女兒去看牙，但我們自己已經兩年多沒洗牙了！「隔太久囉！」服務人員很客氣地提醒我，「每個人至少一年要洗一次牙。」我覺得很丟臉，在行事曆上標註好就再打給理財專員說瑟曼和我這十年來一直掛在嘴邊，終於準備好要擬遺囑了。這些舉動讓我覺得精神奕奕，我接著又傳簡訊給我朋友荷麗，她是健身教練。我想問問她哪時候有空。這幾天我可以約個時間嗎？

那封簡訊送出去之後，我才曉得自己多麼荒唐。我幾個月前就立下目標要過得更健康。但在此之前我一直沒打算去看醫生或牙醫，或請荷麗幫忙。到底怎樣做才健康，我想了很多——我幻想著自己報名半馬，開始訓練，或者吃無麩質飲食，徹底戒糖——但我一直停留在幻想，始終沒有採取具體的步驟來好好照顧我的身體。我一心想著要健康，卻忽略了超重要但一點也不吸引人的作法：如果你想要照顧身體，就要看醫生。拜託，虧我還是醫生的女兒咧。

我相信表達目標的力量，但我也知道沒有行動就是空口白話。有時候目標好像會魔術般地自然實現，就像宇宙送來的禮物。但往往我們必須要認真注意、尋找機會，才能讓目標化為現實。目標需要我們專注和投入。如果你想為人生負責，就要採取行動。

採取行動表示你該做什麼來實踐目標，不管是要約診看醫生、製作新履歷來申請那份夢幻工作，或是到遊民之家當義工、減少兼職工作的時數來多陪陪小孩。在實踐生活目標的過程中，這步驟可以讓你從想清楚、說出來的階段往前進，你一旦開始做，就等同是在實踐目標。

我和希瑪保持聯繫隨時掌握近況，幾週之內她就得到了我們最恐懼的消息：那是癌症。雖然還很初期，醫生也很樂觀，但她要面對化療、手術和放射線治療，將面臨一段漫長的奮鬥。希瑪已經開始做準備，盡量在治療過程中維持身體健康。她飲食均衡、定期散步，但壓力還是不放過她，有一天我自願教她冥想。我飛到希瑪在舊金山的住處，我們共渡了美好的一天——談心、說話、歡笑、落淚、冥想。這是我能給她最好的禮物了——這份禮物完成了我的目標——活出愛，她感激地收下禮物，讓我滿心歡喜。

我還凝聚宇宙的力量來幫希瑪對抗癌症。我將她的免疫系統想像成抗癌鬥士，整裝後要打擊這個致命的入侵者。我在冥想的時候用白色光芒籠罩著她，在每次靜坐後默念慈悲關愛的句子，一一呼喚我愛的每個人。**願瑟曼平安健康、願泰拉和莉拉平安健康、願希瑪和拉吉平安健康。**我不是基督徒，但這是我禱告的方式。研究顯示禱告有時會發揮效果，我相信禱告無傷。而且，這會讓我心情好一點。

同時，我也努力接受現實：人生無常，令人畏懼，我們只能掌握我們擁有的每一刻——我希望這訊息的急迫感可以督促我活得更健康，並且活出我想要的人生，想做的事情就去做，不要無止盡地拖延下去。

我必須現在就採取行動。我們都要。我相信我們每個人來到這地球上都是為了完成自己的使命，但必須得盡心盡力，人生的使命不會魔術般地達成。我們都有自己曉得該做的事，今天就該去做，這樣才能帶來幸福、健康，並完成人生的使命。現在就得開始行動。

這讓我想起了在很多心靈成長演講中聽過的故事：

有一個信仰很虔誠的人發現風暴即將來襲，不過他一點也不擔心自己的安危，因為他知道上帝會保佑他。村子開始淹水了，他的鄰居說他應該要趁路還沒斷前趕快撤退。他謝謝鄰居的好意提醒，並說上帝會保佑他。水面逐漸升高，他家一樓已經淹水了。有個人划船到他的臥室窗前，拜託這個虔誠的人趕快離開。「不，謝謝」，他說，「上帝會救我。」洪水淹過了他家，那人得爬上屋頂才安全。這時來了一架直升機，那人還是不肯上去。「上帝會保佑我，」他對自己說。最後洪水淹過他的屋頂，他就溺斃了。當他發現自己來到上帝面前，他哭著說，「我那麼虔誠，祢卻遺棄了我！」上帝笑了。「不，是你拒絕我的幫助。我派了鄰居、救生艇、甚至還有直升機去救你。你還要我怎麼樣？」

換句話說，奇蹟往往以機會的方式出現在日常生活裡，是我們要把握機會。是什麼阻止你在自己的生命中採取行動？哪些奇蹟出現在你面前，而你卻沒看見？上帝或宇宙送了什麼給你，而你卻不接受？

宇宙像是要我徹底醒過來一樣，那天我在社群媒體上看到這段話：**「如果你不肯移動你的腳，就不要請神來引導你的腳步。」**

好，我這就動起來了。

希瑪確定罹癌後，我開始思考這趟追求目標的旅程走到哪裡了，還有我該怎麼繼續下去。我有沒有做出足夠的改變，活得更快樂、更健康、更平衡、更安寧？當然，在情緒上，我比去年好多了。我現在睡得比前幾年都好，而且我定期冥想，不只幫我保持冷靜，還讓我每天都有不同的心得，去面對各種可能帶來壞心情的事情。我更瞭解自己了——我很喜歡我現在看到的自己。

我已經大幅減少咖啡因與糖分的攝取量，雖然現在減糖仍讓我很掙扎。我每次經過烘焙坊還是會想衝進去買點什麼——有時候我就真的買了。我試著用一兩塊黑巧克力代替甜點——根據許多研究，黑巧克力其實是個**健康**的選擇。這

如果你不肯移動你的腳，
就不要請神來引導你的腳步。

策略大部分的時候都有效——但當我真的很想放縱口欲的時候，我就專心吃，既然都要吃杯子蛋糕了，就該盡量享受。

講到飲食，我學到了很重要的一課——我不完美，而且我也不必完美。人生不完美，不管我再怎麼努力，在實踐目標的道路上一定會有坑洞、會爆胎、要繞路。完美不是路上的一個休息站。但有時候路程會很平順，只要我在路上，沿著正確的方向前進就夠了。

> 實踐目標的道路一定會有坑洞、會爆胎、要繞路。完美不是路上的一個休息站。

我覺得不太滿意的部分就是運動。雖然我有時間就會做瑜伽或和朋友去健行，但運動的頻率和強度還是不夠，當我在冥想時認真觀察身體，我聽到身體催我要再多動一動。我覺得很焦躁、僵硬、又胖又不強健——這感覺讓我一直很挫折、很失望。

當我下定決心要採取行動，我又傳了簡訊給荷麗，因為她還沒回我。這次她道歉說她之前沒回我是因為她也在寫書，她建議我們約在健行步道見面，一起爬山後，再去健身房做點肌力入門訓練。我從來就不喜歡去健身房運動，但我先回訊說好，免得我找藉口退縮。

兩小時後，她和我沿著坡道走。自從上次和蘿蜜參加健身營後我就沒有這麼激烈運動了，這挑戰性好高，而且好累。一小時後，我們滿身大汗又全身灰頭土臉，直接走向健身房開始進行肌力訓練。我不喜歡那裡的氣氛。太多完美體態（甚至前凸後翹）的女人，那畫面讓我覺得很膚淺。但替身體採取行動的感覺很好，我離開健身房的時候覺得精神奕奕，不會很疲倦。廣播電台播出電影《神偷奶爸》的主題曲《快樂》，我一邊開車回家，一邊開心地跟著哼：「如果你知道快樂的感覺就拍拍手……」

那天晚上，我的肌肉有點痠，但不至於太難過，我回想我朝目標做了哪些努力，發現進展還不少。不過很多領域仍沒任何進展，讓我有點困擾，因為這些領域對我也很重要。我覺得對社群的付出不夠多，人際關係也沒什麼改善，而卻非常重要。

回頭看自己幾個月前寫下的筆記，並回顧心智圖上的主題，我相信那些主題會讓我活得更快樂。我覺得每個主題都很重要，但該怎麼落實呢？看著那張紙，心中有個想法：我可以把不同的主題連在一起，或許會刺激出新的點子。這很像是我父親在高階經理訓練工作坊裡提供的練習，幫大家發揮創意，所以我在不同的概念之間隨意連線。

我把「家庭」和「做有意義的事」連在一起，把「朋友」和「教冥想」連在一起。沒想到這樣互連可以創造出許多想法，這動作真好玩，點子源源不絕冒出來，我看到許多可能，讓具體的方法來實踐這些重要的主題。

我把「家庭」和「做有意義的事」連在一起之後，決定要帶女兒去街友食堂幫忙；把「朋友」和「教冥想」連在一起後發現我可以替朋友開團體冥想的活動；「旅遊」和「美食」的那條線讓我決定安排一趟美食之旅前往紐約（瑟曼一定會喜歡）；「朋友」和「吸收新知」連起來就是讀書會。我興奮地寫了電子郵件給蘿蜜和卡拉，看她們秋季有沒有興趣參加我的讀書會（我已經知道年底會很忙，暑假又要四處旅行）。

隨著時間推展，即將展開很多奇妙的事。

就像瑟曼一樣，泰拉熱愛料理，她和莉拉把《甜點天才》（*Sweet Genius*）這電視節目搬到家裡。莉拉會給泰拉一個主題和指定食材，讓她製作甜點。泰拉必須在六十分鐘內完成，並端給全家人。莉拉還做了簡報，解釋評審該如何評分，像是手藝、創意、滋味。當然她幾乎每次都給姊姊滿分十分。泰拉很愛這個挑戰。

我向蘿蜜提起泰拉對烘焙的熱情，她說她女兒麥蒂成立了一個送蛋糕的活動，她和另一個朋友每個月都會烤生日蛋糕給中途之家的小朋友。有些媽媽和小孩（或有些父親）在逃離受虐的環境，或在街上流落之後會暫住在中途之家。義工會協助他們找房子和工作，靠自己的力量站起來。麥蒂會替小朋友特製生日蛋糕──這美好的舉動可以幫小朋友度過難關，同時覺得自己很特別，有人重視她們。

這份機會簡直是為泰拉和我量身打造。我再次感嘆宇宙如何在我們需要時提供機會。我問泰拉願不願意參與，她樂壞了。所以我打給蘿蜜說我們下次也要烤幾個蛋糕一起送過去。那個週日上午，泰拉邀請一個朋友過來，我們一起做了四個蛋糕：兩個巧克力餡配巧克力糖霜、一個香草內餡配藍色糖霜、一個香草內餡配彩虹糖霜和糖粉。當我們把蛋糕送去中途之家時，彩虹蛋糕送給了一個四歲小女孩，她綁了兩條辮子，身穿亮粉紅色的凱蒂貓上衣。她一見到蛋糕，雙眼就亮了，跑過去給泰拉一個大擁抱。我這輩子都不會忘記泰拉的表情。她散發著喜悅。

過沒多久，我在前往學校接女兒的途中看到別人院子裡架有支持瑪麗安・威廉森選國會議員的立牌。那標語讓我想起了瑪麗安・威廉森說過的話：「很多人說『我支持你』，但只是嘴上說說。」意思就是說出來很好，做出來更棒。我認為瑪麗安・威廉森是位不錯的候選人，我也希望她能成功進國會。我何不做點有意義的事來支持她參選呢？

隔天，我打電話給瑪麗安，說我願意在我家安排一場見面會，讓我的朋友可以更瞭解她和她的理念，瑪麗安熱忱地接受了。但我才一開口，立刻就擔心了起來。我從沒辦過這種活動，我連要怎麼辦都不曉得。再說，我的書就快要截稿了，壓力那麼大，我到底在想什麼？

然後我暫停了一下。只是見面會，不是太空科學。我打給坎蒂絲。她很擅長這種事情，她不只幫我把該做的事情都列出來，還決定和我一起辦活動。我曾經說過要動員一村子，她就是我的村長。隨時願意挺身而出，隨時給我支持、隨時讓我依靠，隨時在我身邊。我不斷謝謝她，並且感激宇宙。如果沒有像坎蒂絲這樣的人在我的生命中，我會在哪裡呢？

我和坎蒂絲在孩子的學校裡有一群媽媽朋友，我們的關係很好，所以我們決定先跟這群人說，當然，很多人知道有機會在這種溫馨的小場合聽瑪麗安·威廉森說話就立刻報名了。女性選票相當關鍵，對瑪麗安·威廉森更是如此，因為她的訊息直接從心出發。如果我們能在選戰中造成一些改變就太好了。

我們決定辦早餐茶會，這樣我們的朋友送小孩上學之後可以直接來我家。這活動十分順利，瑪麗安分享了她參選的目標——現在有錢人擁有太多影響力，已經侵蝕了民主制度。我們的朋友有機會可以問她問題，她們很投入、很感興趣、很熱心。瑪麗安顯然已經贏得了好幾人的選票。我覺得很棒！

當時我明白了一小步也有力量，就算是不起眼的一小步。每一步都在強化你的目標，讓你有更多能力，創造更多能量去活出你想要的人生。當你為自己或替別人採取行動的時候，感覺會很好。你今天可以採取什麼行動，讓自己離目標更進一步呢？

今年年初宇宙給了我一個機會，我掌握之後就一直收到許多小禮物。這是個寶貴的經驗，讓我知道我們的目標通常會不斷茁壯成長，尤其是當目標也符合別人的夢想時。

這學期剛開始的時候，泰拉和莉拉的校長就召集了一群家長一起腦力激盪，想想我們可以怎麼教孩子認識全球議題，以及從逆境爬起來的重要性。我急著想把握這機會，便建議泰拉和其他六年級的小朋友可以開始閱讀凱羅・史丹的書《相信零可以成真》，書中描述著聯合國兒童基金會在全球防治孩童疾病。我一提起，校長和老師就很喜歡這想法，他們還決定將這主題整合到那學期的課程裡，更顯意義。我沒想到他們如此支持，還願意多花時間讓學生有更精采的學習體驗。

同時，另一位家長，好萊塢女星珍妮佛・嘉納（Jennifer Garner）則對校長說起她和「拯救孩童」組織一起進行的活動，這個組織在幫助國內外需要協助的孩童（送小孩去洛杉磯的私立學校就有可能碰到特殊背景的家長！）同樣地，老師們也想出了方法在教室裡結合這兩個活動，並利用一整週的時間讓學生瞭解孟加拉的童工問題和加州類似的議題。

沒想到這個課程活動後來規模更大，而且更有意義。泰拉和她的兩位同學獲邀以青年大使的身分到聯合國兒童基金會進行訪問，他們會去紐約的聯合國總部參觀，還會瞭解更多關於產婦與新生兒破傷風的議題，在使節會館吃午餐，並且有聯合國導覽。同時，她班上的另外兩位同學則獲邀到「拯救孩童」組織，並前往華府參加年度孩童高峰會，瞭解美國兒童面對的困境，還有他們可以如何幫忙，像是針對影響兒童的議題遊說國會議員。

當我回頭看這些活動是從一個想法發展出來，我看到我的目標原本是做有意義的事（並且讓小孩參與），而我的目標和其他人相近的目標連結在一起，宇宙提供了無數機會，讓我們實踐目標。有時候這旅程不完全如你所規劃，但信任你的直覺，做你該做的事，你就會意外地實踐目標——而且力量意外地強大。

最讓我驚訝的是，看著這些目標化為現實時有多麼欣慰。很少活動能給我這麼深層的喜悅。許多研究不斷重複證實當義工、做善事創造喜樂，行善的人會比接受善意的人更快樂這件事。願意投身公益的人普遍相信他們的生活更有意義、更有使命。對上了年紀的人來說，參與這類型社交活動可以降低憂鬱症的機率、提高生活滿意度，並降低死亡率。事實上，當你投入時間和心力參與公益活動的時候，你的收穫可能比付出還多。

❀

雀兒喜・洛芙是我的朋友，也是我的 Intent.com 網站的前員工，有一天當我們坐下來聊天時，她也認同我的想法。她成立了一個非營利組織「飲食、呼吸、茁壯」來幫助飲食失調的人透過瑜伽練習來恢復健康，而瑜伽其實曾拯救了她的人生。

她十六歲那一年就因為嚴重厭食症差點失去性命，還得住院治療。因為有醫護人員細心的照顧她才能活下來，等她出院之後，她發現了瑜伽的療癒能量。

「我的第一個人生目標是要呵護我的身體，」她說，「但真的很難，直到後來我找到的方法就是在瑜伽墊上練習。瑜伽讓我清楚自己的身體需要什麼。」

有一天雀兒喜在健行時回想著她經歷過的一切，有個在她腦中醞釀多年的想法終於萌芽——她想要成立一個組織，利用中西醫整合的療癒方法來協助其他飲食失調的人。雀兒喜感激那些幫助過她的人，而這份感激之情讓她明白必須提供這種服務。

「我這輩子一直在接受大家的幫助。我的諮商師連續七年每週提供我免費諮商。很多人不斷地幫助我，所以當我終於感受到快樂、滿足、備受呵護的時候，我知道我該回饋了。」這就是把愛傳出去的意思。

雀兒喜在群眾募資平台募得了美金四萬五千元，現在這個非營利組織已經開始營運了，她不只是完成了一項目標而已。她說，當她為別人服務時，她也在照顧自己，而且對自己更寬容。「我更清楚地看到了自己的價值，也更能夠對自己友善，用健康的方式照顧自己。當我做些有價值的事情服務其他人，我更清楚地看到自我價值。把我自己給出去，讓自我更完整。」

有時候當義工的好處在於可以和其他人互動。當我替孩子準備食物，或是在學校擔任愛心媽媽的時候，我覺得意義十足。但我也想要單純和朋友在一起找樂子。我已經想不起來上次去看電影或晚餐時配一杯酒是什麼時候了。所以有一天我決定坐下來，看著我們家的行事曆來找空檔，安排一些一直被我拖延或忽略的活動。

我約了一群女生朋友一起喝酒，結果聊得太開心了，後來還一起吃飯。我們談笑風生、暢聊八卦，也談談書本、電影、孩子和丈夫。我怎麼忽略了這種愉快的體驗這麼久？我一邊想著，一邊開車回家。找個晚上和朋友聚聚絕對是讓心情快樂起來最好的方法。

那晚之後，愈來愈多朋友邀我了。妳想不想要看電影？加州大學洛杉磯分校有一場很棒的舞蹈表演，妳想不想和我一起去？要不要一起喝杯茶？我不能全都答應，但他們的邀約把我拉回了生活的流動中。我擱淺了那麼久，能感受波浪確實很有趣、很能振奮精神。

我不只是忽略了朋友，還有瑟曼。當然，在家裡我們是一組的，但我們也要花點時間在外面過夫妻的生活。所以某天晚上我說服他和我一起去離家不遠的新餐廳嘗鮮。那裡燈光幽暗、相當浪漫，當我看著帥氣的丈夫坐在對面時，我又有戀愛的感覺了。我很擔心我們的話題只有孩子，但這時我們單獨外出，我們從工作聊到政治，又聊到要去哪裡度假。我們記下了幾個地點，我看得出來他和我一樣高興有機會能單獨相處。

另一個晚上，瑟曼和我受邀去參加洛杉磯芭蕾舞團的募款餐會。通常我們很不喜歡參加這種活動，但這活動和瑟曼為工作募集的另一筆資金有關，我們覺得應該要出席。那天我們下班回到家，只剩二十分鐘可以換上正式服裝。更糟的是，當我換上我想穿的那件禮服，才發現太緊了，而沒有其他適合這種場合的衣服，最後只好穿上一套寬鬆的印度連身服。我有點難過，於是請瑟曼先把小孩送去我弟弟家，讓我在離開家前有十分鐘可以冥想。我希望能專心，並做好準備參加交際活動。

結果並不理想。我在冥想的時候一直沒辦法專心，老是想著我減重失敗有多麼灰心。我在其他領域做得很不錯，覺得自己很驕傲，但是體重方面的失敗讓人相當煩心。我對自己說，只要重新開始就好，每一天都是新的機會，可以做出新的選擇，找到不同的方法。但我還是覺得有點無助。已經嘗試且失敗了那麼多次。

我在健身營寫給自己的信一直放在床邊。我幾個月前就收到了，原本希望能刺激我的羞愧感，讓減重更順利，但那封信只靜靜地躺在那裡嘲笑我，指責我沒有好好照顧身體。而我好像是想要折磨自己，竟把信拿起來讀。

親愛的瑪莉卡：

我寫這封信給自己的時候，相當好奇我收到信的時候會走到旅程的哪裡。有沒有將糖分攝取量減到最低？我有沒有定期運動？這禮拜來參加健身營已經向自己證明了我辦得到——我可以不攝取糖分和咖啡因，我可以吃健康蔬食，我可以運動，可以把自己的身體逼到極限。記得，瑪莉卡，只要妳想做，妳就做得到！

我希望，真心希望，六個月後當我閱讀這封信的時候，我可以說已經選擇了適合自己的方式來調整生活。我沒有復胖，而且還瘦了一些，我覺得很健康、精力充沛，而且每天都會動一動。

我的目標就是要繼續這條健康的道路，為自己和家人維持健康。我希望能讓自己感到驕傲。

寫給我自己，瑪莉卡

好吧，我確實是復胖了，我坐下來，不曉得現在還來不來得及讓自己在體重這一關上抬頭挺胸。我還能再試一次嗎？

當我們抵達會場時，人多到讓我驚訝，少說有三百人，或許有四百人。我們平常沒機會和洛杉磯的名人打交道，那晚政商名流齊聚一堂。那場募款餐會的主角是三位傑出女性——蘿芮．米而肯、珍．西默、寶拉．艾布杜——肯定她們為芭蕾和舞蹈所投入的時間、作品和奉獻。

我整個晚上都很愉快，當寶拉．艾布杜上台時，我完全驚呆了。她那嬌小的體態蘊含了無限的能量，她的故事幾乎是刻意說給當下的我聽的。

寶拉從小就對舞蹈懷抱熱情，當她知道洛杉磯湖人隊在徵啦啦隊員的時候，她就想要應徵，雖然她知道自己並不是典型的啦啦隊員。「我沒有金髮、沒有藍眼睛、沒有長腿。」但她還是驅車前往甄選會場，數千個有同樣夢想的女生早就都聚在那裡了。

輪她上場的時候，不出幾分鐘就有人叫她停了。她說：「我面對過許多逆境，所以我學會告訴自己『不』只是妥協的開場。」她走進洗手間祈禱能有第二次機會。她從包包裡拿出另一件衣服，換了個髮型，用個新名字重新抽號碼，然後再甄選。評審又沒讓她跳完。她不死心，又用另外一個名字回到會場。這一次，她被選上了。還不到一年，她就負責湖人隊啦啦隊的編舞，並開始和許多娛樂圈的名人合作。

我離開募款餐會的時候覺得大受鼓舞。碰到挫折不見得要停下來。如果你認真努力，並決心追求夢想，什麼事都會發生。

我還需要更多鼓勵，所以我打給傑夫．柏業。他是一個老朋友，在社群媒體上很有影響力，也是Vonage電信公司的創辦人。他是減重的楷模，他下定決心要在一年之內減五十公斤，然後寫在社群媒體上。他買了四十一本關於健康、健身和飲食的書，而且都看完了。他說：「減重的建議五花八門，但每一本書都會提到你必須運動，增加肌肉、提高新陳代謝。」所以他請一個健壯的朋友幫忙，兩個人一起運動。第一天他只能撐五分鐘。

他開始把運動的照片還有健康檢查的結果都分享到社群媒體上，結果收到好多回饋和支持。「我發現了愛，」他說，「剛開始，是朋友鼓勵我，然後其他人聽說我在減重，忽然之間就連陌生人都支持我繼續下去。」過了六個月，他已經可以持續運動十分鐘，包括心肺和肌力訓練。」

「沒有一種適用所有人的減重方法，」他這時說，「每個人的基因都不一樣。我們都很獨特。但我可以告訴你，增加肌肉量絕對有幫助。還有群眾的力量真的難以形容。如果你可以找到方法連結其他人想做同一件事的人，那就可以幫你達成目標。」

我結束對話回到家的時候就傳了一則訊息給朋友。有沒有人想要一起揪團健走？我常常和一個朋友一起散步或健走，但我相信當你要面對更艱難的冒險時，一群人更好。我沒想到這麼多人說好。人多就不容易安排時間，所以我改成不同的日子和不同的朋友一起走，下個月的行事曆就多了好多圈圈，在繁雜的待辦事項中綻放出喜悅和使命感。

我還記得父親在工作坊中用到的工具，企業顧問大師彼得．杜拉克設定目標的SMART原則經常被運用在商業管理中。這個原則包括了五項不同的指標，很多人都會加以變化，但最初的版本最能讓我有共鳴：

明確的（Specific）
可量化的（Measurable）
可達成的（Achievable）
務實的（Realistic）
符合時限的（Time-related）

這方法聽起來很合理。我不像傑夫。我知道我不會鏟掉那麼多肥肉，而我也不需要。劇烈變化不是我的風格，我追求務實——這個原則就是夠務實。所以我設下明確的目標：想在兩個月內減少三公斤。這可以量化。可以達成（醫生說合理的目標是一週半公斤）；這目標很實際（雖然我很享受十公斤，但這數字聽起來太難了）而且有時間限制。

我不知道能不能辦到，但我知道在許多方面採取行動很有效果，或許我的正面能量會滿溢出來影響減重的決心。就算沒有，也已經收穫滿滿了：

我和朋友關係更緊密、生活更充實、更平和了。相比之下，少幾公斤不算什麼。

在開始寫這本書之前，我覺得我忙到沒時間和朋友出去，也沒時間參與戶外活動。但希瑪罹癌後讓我頓悟。我不能再蹉跎了。我們都不能。生命太短暫，不能一直拖下去。

採取積極的步驟來實踐目標——從想法到行動——就可以讓我們向前進，就算一次只有一小步也無妨。這會給我們信心，並增加動能。生命無常，但一次一步可以讓我們掌握生命，把握每一天。這或許是我們最樂觀的行動。

有目標的生活：
反省與練習

採取行動需要注意力，但這也可以很有趣，也很值得。實踐目標需要決心和元氣，但結果會讓你很滿意。

1. 設定一個符合 SMART 原則的目標，包含明確的、可量化的、可達成的、務實的、符合時限的五個原則。

2. 想像一下當這個目標實現的時候你有什麼感覺。創造一個情境，或許在你家或辦公室，身邊有其他人。想像細節和情緒的時候不要害羞。

3. 找一個可能和你有類似目標的朋友，和他聊一聊，一起追求目標。

活出目標的練習：連結欲望與行動

☆ 拿出你的心智圖，花幾分鐘回顧你寫在上面的字。

☆ 在不同主題之間畫線。不要去想這些主題之間的關係——其實愈隨性愈好。

☆ 選兩個連在一起的主題。花幾分鐘想想那些新主題帶給你什麼感覺。

☆ 現在，想想你可以做什麼，可一起實踐這兩個主題。

☆ 你可以針對這兩個相連的主題採取哪些行動？寫下五個點子。

☆ 選擇其中一個點子。設定目標去完成這件事。

第八章 生活

我們一大早六點起床要開車去河濱，那是莉拉的足球錦標賽舉行的地點。前一晚，我們切了蘋果和柳橙，還裝了一袋營養堅果燕麥棒做為點心。我們出門前，泰拉和莉拉吃了一頓豐盛的早餐：水煮蛋、水果、吐司和有機雞肉腸，這是莉拉最喜歡的早餐。她今天要踢球踢一整天呢。我們從沒去過河濱，那裡距離我們在聖塔莫妮卡的家約一百一十公里，這個足球賽季為我們家帶來很多全新的體驗。

我小時候，全家剛移民到美國，完全不懂美國的生活方式，像是週六上午踢足球。當我朋友穿上護具準備踢足球的時候，我正在繫腳鈴——就是有鈴鐺的踝鍊——準備和堂妹及好朋友一起學習優美的南印度婆羅多舞（Bharatanatyam）。我們搭車到市區和其他印度裔女孩一起上課，我愛極了舞蹈課。在很多方面我的作風很像美國人，但我知道我看起來和朋友不一樣，我也知道我的父母和文化與大家不一樣。學習南印度婆羅多舞填補了兩種文化之間的鴻溝，帶給了我文化認同感，這在童年很重要。學婆羅多舞讓我能瞭解印度傳統之美與精神，舞蹈教室裡那種親密的喜悅比吵鬧的足球場更適合我害羞的個性。

泰拉八歲的時候，我在洛杉磯找到了一位南印度婆羅多舞名師，付了一年的學費後忍不住想讓我的大女兒體驗我過去的喜悅。然而她的朋友有其他活動，她只想和他們一起。我覺得很衝突，我不希望把自己的成長經驗強加在她身上——我想尊重她有自己的發展——但我又覺得會有文化斷層。舞蹈是少數讓我可以和印度傳統連結在一起的活動。若沒有舞蹈，我的小孩還能保留文化認同感嗎？還是印度裔嗎？我們身處在美國文化中，日常活動與生活態度都受美國影響，我擔心她們會失去我們的文化傳統。我很想保護我們獨特的背景，也希望我能找到方法來保留我們的特色。我對自己說，或許莉拉可以延續這傳統。可惜兩年後，當我向小女兒提起的時候，我發現一點用都沒有。她只對三件事有興趣：電腦程式、機器人、擊鼓。印度舞？門都沒有。

我沒和女兒對抗，我選擇加入她們。我替她們報名了美國青年足球組織的活動。很快地，我們週末的活動就很美式了。我們一早起床，去看泰拉比賽，吃了中飯之後，就趕去看莉拉比賽。我覺得格格不入，瑟曼也是。我志願幫的忙很少——頂多就是安排小朋友輪流拍照——我看著其他家長那麼好強、互相競爭實在是很不明白所以然。我和瑟曼經常說：「她們才八歲和十一歲。」我們在人群中很難融入。足球場上還有其他非白人家庭，而且我們也不喜歡尖叫或歡呼。通常我帶女兒去賽場之後就會尷尬地站在場邊等瑟曼端著雙份瑪奇朵和司康過來。這麼說吧，我們不是足球場上的模範家長。

或許這就是為什麼，這幾年來當我想到我沒有用自己的方式生活時，就想到足球場上的家長。那形象不適合我，我覺得悵然所失。要我假裝成其他人，讓我很不安。當我載女兒放學去練習或中場遞蘋果給她們的時候，我總納悶著我受了那麼多教育還有這麼多見識，怎麼會走到這一步？我不是應該要討論政治、思考著怎麼終結飢餓、拯救世界嗎？

事實上，足球不適合我們家。我女兒不是特別好勝或特別有天份的足球員。這一部分是我們的錯，因為瑟曼和我在他們小時候沒有陪她們踢球，所以她們在場上的表現並不厲害。當其他家長看到小孩射門失利很失望的時候，我和瑟曼只期盼我們的女兒不要受傷或害球隊失分。她們朝正確的方向踢球，我們就鬆一口氣了。

事實上，我們不像美國家長那麼重視運動員精神；對我們來說，課業才重要。若光譜的一端是虎媽，另一端是陪孩子練足球的媽媽，我其實比較接近虎媽。我們支持女兒、鼓勵女兒踢足球的理由很實際，這是很好的運動，而且她們可以從中學習到團隊精神，會是很寶貴的經驗。莉拉在賽季一開始就不順。有個女孩一踢球就直接命中莉拉的臉，讓她鼻血直流。接下來三個禮拜她一直反覆流鼻血，結果她在場上

若光譜的一端是虎媽，另一端是陪孩子練足球的媽媽，我其實比較接近虎媽。

比以前更畏縮了。幸好她的教練很友善也很投入，持續鼓勵她克服恐懼，雖然莉拉是全隊最矮小、最沒有經驗的小孩，她還是有進步。教練的努力對球隊幫助很大，她們後來每一場球賽都贏了。就在本地冠軍賽那天，莉拉發高燒不能下場。她錯過最後一場比賽，我們都很失望，但瑟曼和我心裡其實很感激賽季就要結束了。終於可以取回週六自主權了！

那天下午，我們知道球隊贏了。教練和他的女兒特地把莉拉的獎牌和冠軍徽章送來我們家。我們很感激他如此貼心、敬業。雖然莉拉不擅長足球，她拿到獎牌還是很驕傲，每分鐘都仔細地看一下。我們看到球隊獲勝對莉拉的意義如此重大，儘管她上場的順位不高。我不禁閃過一個念頭：「如果莉拉都能這麼愛足球，我為什麼不能？我到底在抗拒什麼？」

我想著這些問題，發現會這麼糾結是因為文化；我很珍惜我的印度傳統，足球比賽對我來說很陌生。她們如果那麼積極投入、在乎輸贏，她們還是我的孩子嗎？如果我接納了這種運動文化，我是不是拒絕了我自己比較重視心靈成長的過去？是不是犧牲了我的獨特性？

她的球隊晉級到區域賽，所以過幾週之後我們開車去卡爾弗城高中。我們才剛停好車，就發現我們到了完全不同的等級。就連我都可以感覺得出來這些小孩有真本領。我們的女兒一點機會都沒有。我是這樣想的。

莉拉的球隊那天有三場比賽，就在決定哪一隊可以晉級的那一場，讓人緊張到咬指甲時，我們的小球員找到了自己的節奏，連連得分，我們原本以為另一隊會殺得她們片甲不流，但她們竟然不相上下。過了六十分鐘之後，兩隊同分，每個教練都派出最喜歡的球員了。我們隊上最厲害的球員這時巧妙地得分，我們就贏了！莉拉衝上場，欣喜若狂地和隊友一起慶祝。這次，瑟曼和我也興奮地沖昏頭了，就和其他家長一樣。我們歡呼、落淚、恭喜這些小女孩。然後我們互相凝望，揚起了眉毛。呃，週末又沒了……

一個月之後，我們終於要開車前往河濱，陪莉拉比賽。這些女孩要比三場，如果她們贏了，明天還有兩場。這是比真的。我們請了一位狗保母照顧尤達大師，還在河濱旅館訂了一個房間，這樣就可以把比賽當成週末小旅行。我們不知道要期待什麼。通常週末小旅行都是去聖地牙哥或舊金山，我們就是都市人。

結果原本很稀鬆平常的週末竟然非比尋常。整個河濱小鎮都是穿著十九世紀服飾的人——女人穿長袍戴小帽，男人穿著長及小腿的大衣、背心和高帽。瑟曼負責入住手續的時候，我帶女兒去大廳的洗手間，我們得擠過三個穿篷裙的女人才能進去。她們的髮型、妝容、珠寶和鞋子，所有服飾細節都完全符合十九世紀的穿著。

原來那天是一年一度的狄更斯節（Charles Dickens Festival）。有市集、讀書會和美食祭，和原以為只有足球的週末大相逕庭。我們覺得有趣極了。

我們放下行李就前往足球場，在那裡受到的驚嚇不亞於十九世紀的狄更斯節。至少有四十個球場連在一起，每個場上都有比賽在進行。觀眾區都是球員的家人，他們已經準備好海灘椅、保冷箱和零食，打算待上一整天。錦標賽把南加州各地的球員和家屬都聚在一起了，而且多元文化背景很讓人意外。

瑟曼和我相視而笑，我們十八歲剛認識的時候哪能猜到我們會帶女兒參加足球錦標賽，身邊都是狂熱的家長和穿著古裝的人呢？就連「超現實」也不足以描述這情景。

在我心中，有個水壩潰堤了。我笑到腰都彎了，眼淚沿著臉頰滑下來。我的期望與抱負在這時顯得好遙遠，還有點傻氣。這才重要，我心想，這就是重點，這荒謬的時刻，和家人相處的樂趣，共同累積生活經驗。這就是我人生的意義。

我接受這一切：女兒的笑臉、運動中的競爭與混亂、狄更斯節的有趣、蘋果片、受傷的膝蓋、大家互相擊掌、害羞的球員與厲害的球員。瑪莉卡，這讓妳不安，但沒關係。這就是妳。這就是妳此刻生命中最重要的事。這就是宇宙要妳做的事。妳可以放手去做其他事：教冥想、成立公司、散播關於目標的訊息。這些事很重要，但它們自有實現的時刻。現在該擁抱妳心中那個陪孩子練球的媽媽。

莉拉的球隊表現奇好，她們沒贏得錦標賽，但球隊的成就讓她開心得不得了，而且覺得自己的球隊很特別。在慶功宴上──那間酒吧裡有很多穿馬甲戴高帽的人──我發現只要接納，這單純的舉動就可以讓人生徹底不同。過去這幾個月以來讓我不安的疑慮、不確定、格格不入等，在這時都顯得瘋狂。我感激我的丈夫和我們一起創造出來的家庭，我很驕傲，我的寶貝女兒能面對她的恐懼，也很高興泰拉一直是個很支持妹妹的姊姊。

在溫暖的光輝中，我的不安全感逐漸消退，我也清楚地看到我確實得到老天庇佑，原來多麼瘋狂而好笑。

接受上天的保佑不只是看到光明面，或是從粉紅泡泡裡觀看世界。我們應該要看到是世界的真實樣貌，光明面與黑暗面，並選擇擁抱光明。每個人在壞事降臨的時候，很難集中注意力在美好的事情上，但試著想想看，你在那些讓人煩惱、恐懼或龐大壓力的事情上花了那麼多精神，那你是不是也在美好的事情上投入了同樣的精神呢？如果沒有，就感謝生命中的美好來平衡一下。這麼做絕對有幫助。希望、樂觀和愛全都活在感激之中。

你在那些讓人煩惱、恐懼或龐大壓力的事情上花了那麼多精神，那你是不是也在美好的事情上投入了同樣的精神呢？如果沒有，就感謝生命中的美好來平衡一下。

現在想起來，我在足球錦標賽領悟出的道理並非無中生有。事實上，我的想法這陣子一直在改變。不管是我決心要冥想、關注我的心念、試著轉換我的思考方式、練習信任、表達感激、從事有意義的活動、多睡一點、吃好一點或提醒自己要享受當下，這些都讓我覺得精神更集中也更快樂了。

因為這一年來我看了很多書並且不斷反省，奠下了基礎，才能有如此的收穫。現在終於有了心得。我能做出最睿智的事就是讚揚自己在目前的人生階段是個什麼樣的人，不擔心女兒離家後會變成什麼樣子。這不是我期待的啟示，又何必驚訝呢？我一直覺得當一個投入、慈愛、關懷的家長是生命中最具使命感的事情。這份工作充滿意義、蘊含喜悅、洋溢希望和愛。當我問自己：我可以做什麼？最好的回答就是這個了。

我一直在要甘於平凡或傑出不凡之間拉扯，該當個接收頻率的人，還是該大放異彩的人。我們的文化要每個人都表現自己，時時都有股壓力要與眾不同，才能被注意。但其實我們也可以甘於平凡，接納生命此刻所帶來的一切。這不表示我們忘了使命和意義，或放棄了夢想；這代表我們可以欣然接受已經存在於生活中的使命和意義——就是現在——並讓最好的目標時時帶領我們。這表示我們可以放下自尊，連結比自身更偉大的力量。這也表示我們可以真正成為最真實的自己——就算那個人只是靜靜地站在鎂光燈外。

這些想法在我腦中紛飛，才更清楚地看出為什麼陪孩子練足球這件事情會這麼糾結。一部分是因為我作為現代女性給自己不少文化壓力，另一部分則是陪孩子練足球沒辦法讓我發揮本身的學識和智力，還有一部分是想滿足企圖心。不過還有更大一部分是家庭壓力。這些當然都是自找的。

沒有人逼迫我要當偉人，但我卻覺得要承擔家族歷史的重擔。因為我們家的人都能實踐偉大的目標。

祖父在英國殖民印度時就當了醫生，當時這幾乎是不可能完成的目標。印度人不准接受醫學訓練。不過，祖父比身邊所有白人都更認真，有一位英國醫師注意到他的學識，決定替他背書（並為他修改規定），最後祖父可以前往倫敦念醫學院，成為全印度第一位接受西方教育的醫生。他的天賦和溫柔讓大家願意接近他，他吸引了很多忠實的擁護者，甚至成為英國駐印度最後一任總督蒙巴頓伯爵的御醫。他實踐了人生目標，為人治病。當印度從英國統治下獨立時，祖父已經是最受人景仰的醫師了。

祖父在二十五歲時娶了祖母，她是一位聰明、堅強又優雅的女性，來自十分重視教育的家庭，女兒和兒子都能接受教育。她坦率敢言，且非常保護她愛的人，是整個大家庭和社群的大家長。

祖父說服父親當醫生，不過父親真正的人生目標是透過文字為人治病，運用暢銷書和劃時代的心得與想法，讓人了解心智的能力與宇宙的運作。這選擇很適合他。過去二十年來他已經贏得了全世界的尊重與景仰。

我回想著家族的過去，發現他們為我和我弟弟設下極高的標竿。而問題在於我花太多時間煩惱該怎麼達標，從來沒停下來思考自己是不是真的想跳那麼高。現在我開始思考了，發現答案有肯定也有否定。

我繼承了父親的企圖心和遠見，但一想到要繼續他的志業就有種快要溺斃的恐慌。但我的路線不是那條高速公路，是鄉間小徑，很少人走的那條。

事實上，我也繼承了母親的沉默寡言、拘謹內向。就和她一樣，我比較喜歡遠離聚光燈，但這不代表她的光芒就比較黯淡。其實她才是幕後真正掌權的人。母親的耐心、導引和犧牲讓我們家能在正確的軌道上，給了我信心、聲量和力量，讓我能探索、做夢、並找到自己的路。我看著她和女兒

但我的路線不是那條高速公路，是鄉間小徑，很少人走的那條。

們相處，總是佩服她的經歷和專注力。她和女兒一起玩、一起笑、一起唱歌。她把她們當成是有自己想法、心念和欲望的獨立個體。她會陪她們聊天、教她們關於這世界的一切，並問她們問題。她從不覺得必須要解釋她在做什麼。她當媽媽和外婆當得非常驕傲。

在所有的長輩中，母親對我的命運影響最深。她在家人的生命中是一股穩定的力量，驅使她向前的人生目標就是世界上力量最強大的目標：愛。

美國原住民有個尊重家庭的習俗，就是在言行之前先問自己這些問題：「這會讓我的父母、他們的父母和他們的祖父母感到光榮嗎？這對我的孩子、他們的孩子和他們的孫子有好處嗎？」我也很好奇，我既是媽媽也是創業家、還教人冥想，這獨特又混亂的組合對得起過去的傳承嗎？經過這一年省思之後，我相信答案是肯定的。

我們每個人都有屬於自己的天賦、才華和觀點，所以很難找到和自己一樣的組合。然而，尋找的過程絕對能幫你活出人生目標，因為目標會從靈魂中綻放。要了解自己並不容易，不過絕對值得，這過程能讓你看得更透徹，並獲得更深刻的使命感。我們未來不會每個人都有名氣，但這不代表就得不到認同。獲得家人、朋友與鄰居的尊重；建立品德良好的名聲；和身旁的人分享我們的天賦——這些事情都很有價值，不亞於那些能獲得全球掌聲的成就。

當我覺醒了，發現自己的使命，我開始留意身邊有誰也在默默活出目標，而且腳踏實地，不像童話故事般夢幻：誰是接收頻率的人。艾克哈特．托勒說，他們清楚地過著每一天，透過微小的日常活動發揮極大的意義。「他們用這種方式在看來毫不起眼的行為中發揮深刻的意義。他們的任務就是要為世界帶來穩定，靠他們專心地做每一件事……表面上或許看不到他們的付出，但他們對世界的影響其實十分深刻。」

我無需耗費太大力氣，因為合適的人選就在我眼前。有一天早上在女兒的學校我聽到校長桃樂絲・曼席斯（Dorothy Menzies）告訴學生和家長一個當志工的機會，我當時就覺得她根本就是活出目標的典範。我們都稱她迪（Dee），她擔任卡爾索普學校的校長超過三十年了，教育了數千名孩童，並且在當地社群組織中相當活躍。她最知名的不只是讓孩子有卓越的學科教育，也教他們做人處世的道理。

我之前怎麼沒想過要找她訪談呢？我問迪願不願意和我聊聊目標。她說很樂意，還說很驚訝我竟然想在書中加入她的意見，但如果訪談結果不適合也不要有壓力。我之前訪問的人都沒說過這麼謙卑的話，讓我更佩服她了。

迪在二十幾歲就發現了她對教學的熱情，從來沒後悔過。她教過小學、高中、大學，發現許多和學生互動的方式，不管他們年紀多大或經濟背景如何。不過人生悲劇給了她的教學生涯與人生更崇高的使命。她女兒愛莉森十三歲時死於肺栓塞。喪女之痛原本可能會讓迪的未來完全脫軌，但學著和痛苦一起生活——並在失去孩子後找到人生的意義——從此之後定義了她人生的方向。

「喪女之痛永遠不會消失，但你會學著和痛苦一起活下去，」她說，「愛莉森個性大方而且相當幽默，她的存在改變了我的人生。我好好紀念她的方法就是用她的精神活下去，鼓勵我每天做出不同的選擇。她的人或許不在了，但她的精神永存，我每天都努力要當她的模範。」

「我們每個人都會碰到日子很難熬的時候，因此我會默念著『有上帝的協助，我就能辦得到。』先跨出一腳，一次一小步往前進。想活出目標一部分要靠信仰，一部分

我們每個人都會碰到日子很難熬的時候，因此我會默念著『有上帝的協助，我就能辦得到。』先跨出一腳，一次一小步往前進。

靠紀律，但就是要信仰加上紀律才能辦到。」

迪不是教育名師，但在女兒的學校，很多電影明星、企業主管和知名作家都把小孩送過來，在校園裡，她就是指引大家的明燈。她建立了一套讓孩童都能安心的架構，她總是耐心地幫助孩子與家長。她會導引孩子的品德，當他們感到害怕或不確定的時候，為孩子打氣，鼓勵他們全力發揮潛能。她是所有人的模範，無論是老師、學生和家長都一樣。她用可靠而平靜的方式扶持我們往前進。她就是活出目標的具體表現。

當我一直在思考著愛、榮譽和奉獻的時候，印度色彩節愈來愈近了。色彩節除了有繽紛的色彩之外，也是個關於愛的節慶——慶祝春季的到來，善良戰勝邪惡。在印度，大家會在色彩節互相潑灑彩粉，代表春季豐富的顏色。街道、公園、廟宇裡都在慶祝。任何人都可以參加，還會拿水球、水管、水槍讓場面更熱鬧。

我從來沒在美國看過這樣的活動。這就像酒神節（Bacchanalia），有音樂、舞蹈和鼓樂。不同世代、不同階級的人，朋友和陌生人通通玩在一起。不只熱鬧，大家還會喝很多酒，還有人會喝班拉西（bhang），那是一種合法的大麻飲料。我認識瑟曼之後，有一年在色彩節嘗試了班拉西，結果笑了超過一小時。我很少這樣縱情隨性，讓我覺得深刻、完整地活著。

等我們來到美國有了小孩，我也想要讓女兒認識這些重要印度節慶，如慶祝新年的排燈節和色彩節，但我一直找不到方法。我朋友蘇琵雅每年都會請印度朋友到她家慶祝排燈節。我們舉行傳統印度儀式，禱告、用餐、交換禮物。我很佩服蘇琵雅積極地為孩子創造這些體驗，讓他們了解印度傳統文化，我也很感激她邀請我們參加。可是當蘇琵雅邀請我們參加色彩節派對的時候，我總是婉拒。我對自己說這感覺不道地，我們沒有辦法在印度以外的地方捕捉那種歡樂與隨性，而且和很多不熟悉的人一起過節會覺得很尷尬、很突兀。我在心中許願，遲早要帶女兒去印度看一看，真正地體驗一下。

不過，今年當色彩節靠近時，我有不一樣的體會。我們應該擁抱這傳統（大麻就不必了），活在當下。我在布芮尼．布朗的書裡面看到一句話，讓我下定決心。「歡笑、歌聲、舞蹈能創造情感與心靈的連結；讓我們在尋找安慰、歡喜、靈感和療癒時記得最重要的事：我們不孤單。」

我打給蘇琵雅問她我們能不能參加她的色彩節慶祝活動，她很高興我們能去，還連帶邀請了泰拉與莉拉的朋友、我弟弟一家和我們想邀請的朋友。她的慷慨大方讓我又感動又感激。

我們每家都準備了一些餐點，一起去野餐，有披薩、有杯子蛋糕，也有水槍。其他媽媽做了印度料理，泰拉和她的朋友享受每一口印度咖哩餃

（samosa）、爆米香（bhelpuri）、包內餡的帕拉塔（paratha）。我聽著泰拉描述每一種不同的食物，從她的口氣裡聽出了驕傲，讓我的心歡喜不已。她不只是很高興能和她的美國朋友分享她的文化，她還看出印度文化多特別。高森的兒子克里書是莉拉最要好的朋友，他們兩個在偷偷灌水槍。這兩個孩子就是這樣，儘管不知道活動會怎麼進行，但他們才不會傻傻地在狀況外。

我們都在享受美食、聊天寒暄，這時一位父親發動奇襲，朝我們砸水球，裡面是已經染色的水。我們全身濕透，並準備反擊。「色彩節快樂！」他大聲說，就開始了混戰。

每個人都手忙腳亂地拿起彩色粉末，見人就灑。粉紅色、綠色、藍色、黃色、紫色，各種顏色像彩虹劃過空中，落在每個人的頭髮和衣服上。我們看起來就像安迪沃荷的畫活了過來一樣。我目擊蘇琵雅抓起一把粉紅色的粉末，溜到瑟曼後面，抹在他的白髮上。瑟曼跳起來，大步追著蘇琵雅。

我一分心，差點被泰拉和她的朋友偷襲，正以為我逃過一劫，轉過身就見到莉拉和克里書在我面前，拿著水槍轟炸我，笑得樂開懷。他們把我全身噴溼後就逃開，一個朝左一個朝右，顯然在發動攻擊前就已經想好策略了。

大家都玩在一塊兒——小孩、家長、祖父祖母、印度裔和非印度裔的朋友。這就是單純的喜樂。我情緒上湧，喉頭一緊，看著女兒發覺印度傳統的魔力。他們完全忘情地投入。我想起她們在足球場上拘謹的樣子，這時她們一點也不害羞，渾身滴著水，身上五顏六色。我之前擔心她們缺少「道地」的色彩節體驗根本是自己想太多。在哪裡慶祝色彩節不是重點。歡慶的喜悅就是放肆地玩鬧。現在我知道為什麼色彩節是愛的慶典了；大家玩樂、歡笑、一起慶祝，讓愛茁壯。

歡慶的喜悅就是放肆地玩鬧。

我抓起一杯粉末朝莉拉撒下去，然後朝另一個方向逃離。

截稿日期愈來愈接近，我希望能找到一個像童話故事般的美滿結局，或是像找到寶藏的驚喜。但截稿前兩週，我醒來的時候覺得腦子灌鉛，全身疼痛。我的皮膚也痛、腳趾也痛、連睫毛都痛。瑟曼出遠門，所以我打給住在附近的朋友萊絲莉，請她帶我女兒去上學。接下來，我打給母親，求她來幫忙幾天。接下來三天我都躺在床上，咳嗽、流鼻水、渾身疼痛、高燒不退，真是慘兮兮。

隨著時間一點一滴過去，截稿日期逐漸逼近，我實在連煩惱的力氣都沒有了。感冒藥讓我昏昏欲睡，我不知道這是不是宇宙來的暗示。是不是宇宙傳了訊息來要我換個角度想想?如果是的話，我要怎麼想?

我在等著醒悟的那一刻，回想這一年，還有大大小小的事件，讓我走到了這一步。我的冥想練習與心靈成長功課讓我的情緒有明顯的好轉。我在工作上做了很多調整，現在有更多時間在家。因此，我和家人的關係更緊密了。儘管我已經接納了小球員媽媽的角色，這完全不會影響到我的專業表現或阻礙我未來的發展。我在每一刻都能更平靜，對未來更懷抱希望。雖然我現在高燒三十九度，但內心很高興。

六個月前，要是我病成這樣一定會非常焦慮——擔心如果少了我會怎樣，為什麼我不好好控制體重。以前的我也會覺得什麼都要親力親為，還要盡善盡美，生個病也會覺得自己失敗得很徹底。現在我全身熱呼呼但也軟綿綿。在我昏昏欲睡之際，我寫下幾個字：重點不在要挺身而進或選擇退出。重點在每一刻都真實地活著，做出對我最適合的選擇。

瑪莉安．威廉森說：「喜樂只有當允許自己認同一切的本質時，才會降臨在我們身上。」我回想起莉拉的足球錦標賽，當時我認同全家在一起的喜悅，還有當下的愛。我現在可以看得出來，每一天我都被愛包圍著。

愛就在我的臥室裡；愛就在母親放在床頭桌上的熱蜂蜜水裡；愛就在

萊絲莉的車上，隨著她載我的女兒去上學；愛就在這幾天許多朋友和家人放在冰箱保鮮盒中的食物裡；愛就在我昨晚喝的雞湯裡；愛就在公司裡，我的團隊傳了簡訊來讓我知道工作一切順利；愛就在瑟曼的一舉一動裡。他這幾天準備女兒的早餐和午餐、遛狗、整理廚房、幫我拿感冒藥；愛就在舊金山，他代替我去參加女童軍週末母姊會。我想像著十分陽剛的丈夫和泰拉的童軍小隊混在一塊兒，不禁哈哈大笑。當泰拉傳訊息說：媽媽，我們玩得好開心！愛直接傳進我心裡，盈滿我的靈魂。

愛就在我的臥室裡。愛就在母親放在床頭桌上的熱蜂蜜水裡。愛就在萊絲莉的車上，隨著她載我的女兒去上學。

瑟曼和泰拉在舊金山時，我拖著身軀下床去找母親和莉拉吃中飯。莉拉說起她在電影《里約大冒險第二集》（*Rio 2*）裡最喜歡的場景，她才剛和母親看完那部電影，我珍惜著她說的每個字。她笑著並生動地比手畫腳，表情無價。我這三天幾乎沒和她說上話，我發誓，她在七十二小時之內真的長大好多，變了好多。泰拉傳來一張襪子市場的照片，說她的童軍小隊買了一堆襪子要捐給市區裡的青年收容所。我感到驕傲——母親也是。我看著母親坐在餐桌對面，很感激她愛我的女兒就如我那麼愛她們一樣，我感激她十億次都不夠。這時我才想到她對我有一樣的感受。或許是因為我身體很虛弱，所以這時我感受很強烈。我想起了瑪雅．安傑羅的訪談，她前幾天才離開人世，在訪談中她說：

「我知道我是上帝的孩子，沒想到創造海洋與山脈、河川與星辰的『那股力量』創造了我。我祈求謙卑，讓我知道還有比自身更偉大的力量。」

當我感受到母親的愛，也覺得自己被來自上帝、宇宙或神明深深愛著。

我給女兒、丈夫、父母、朋友的愛也一樣。愛讓我們繫在一起，扶持我們再站起來。

這一年求的不是減少五公斤或放棄糖分與咖啡因、或把行事曆安排得更仔細、或甚至對世界做出更偉大的貢獻。這一年是要找到我是誰，並擁抱真實的自己——那個聰明、能幹、沒安全感、傻氣、堅強、內斂、脆弱而完整的瑪莉卡——唯有真實的自己才能讓我們所有人連結在一起。我現在的任務是要讓那個人在每一刻都能盡量真實、慈愛、喜悅地感受當下。這是我們所有人都必須做的事。我們必須找到真實的自己，讓那個人的能力得以閃耀，帶領我們朝平靜的心靈與更偉大的使命感走去。我們要開發潛在的天賦，每一天都盡力活出最美好、最值得、最能讓我們驕傲的人生目標，就會找到自己的路，在這世界悠遊生活下去。

當我們吃完了甜點（對，我還是沒戒糖），莉拉拿起水杯，學大人說「敬我們！」我和母親也咯咯笑著拿起了水杯。

「敬我們所有人！」我微笑著。

讓我們帶著愛、喜樂、使命感活下去。活出目標。

後記

狄帕克・喬布拉

閱讀完瑪莉卡的故事你或許感同身受，因為這是我們每個人都經歷過的旅程。忙碌、混亂、困惑、挫折，甚至痛苦與折磨，這都是旅程中的一部分，只要我們不被困住，這些可能便可讓旅途充滿樂趣。瑪莉卡出生的時候，我可沒有她現在一半明智清醒，我的生活也沒有如此的秩序協調，因為我當時有癮頭，行為也失序。若不是他們的母親——我的妻子芮塔，我們的小孩可能會變成問題很多的大人，因為許多年來我都給他們壞榜樣。

芮塔的人生使命一直是完全體現母職。現在我知道母職是全天下最神聖的職業。還有什麼比催化孩子無可限量的潛能更偉大的呢？我已經走入了人生的秋天，我知道過去行為成癮的問題已經轉變成對於療癒的偏執。

這是一條漫長而崎嶇的道路，但我認為，自己已慢慢地轉變成一位真正能治癒身心靈的醫者。

那我現在的使命是什麼？或許很多人聽了覺得荒謬，但除了陪伴孫兒的純然喜悅之外，我唯一的使命就是享受生命、保持覺知、寧靜自在。我現在覺得自己像是搭火車旅行的遊客，準備要打包好行李前往終點。但儘管我打包好了行李，抵達終點之前，我仍得把行李留在火車上。

以下是我的心得，或許當你準備好要參考的時候，會覺得很有用。所有的目標與欲望到頭來都是要活出充實的一生。這是我實驗、嘗試了大半輩子之後理出的幾個關鍵：

一、學著呵護你的身體，多睡覺、多運動、吃得健康一點。聽聽身體的智慧，身體會透過舒服或不舒服的感受來傳送訊號。當你在做某一項行為的時候，問問身體「覺得怎麼樣？」如果你感受到身體不舒服或情緒不愉快，那就得當心了。如果你的身體傳遞出舒適、熱切，那請繼續下去。

二、學著活在當下，因為你只有當下。若你離開了當下，快把自己找回來，否則你會渾渾噩噩、迷迷糊糊地過了一生。將注意力集中在此時此刻。每一個當下都要找到完整的生命。徹底地、完全地接納生命安排給你的起起伏伏，這樣你才會學著感激生命的起落，從中學習並放手。順應當下，這反應出無窮的自然法則，這時你會有某個想法或某個身體反應。當下如此，是因為宇宙也同樣如此。不要對抗宇宙的安排，而去接受它。

三、每天花一點時間，就算只有五到十分鐘，靜下來反思、冥想。問問自己我是誰？在姓名與頭銜之外，有沒有「我」？問問更深層的內心究竟真實的自我想要什麼？並學著體會沉靜的心思。過去這幾年來，我發現沉靜的心思與正向思考更強大。樂觀當然很好，勉強自己維持正向能量可能會讓其他人覺得壓力很大。如果你能學會讓內在的聲音靜下來，專注於你內在的生活，便可以接受直覺的引導，而非聽從外界解釋什麼對你好、什麼對你不好。

四、不要追求外界的肯定（對我來說，這是一輩子的功課）。人生中總會有個時間點，明白只有你才能決定人生的意義，你的目標就是要發現自己深藏的無窮價值，一旦明白，人生就會無限寬廣。

五、當你發現自己對別人或某個情況的反應是憤怒或對立時，其實你只是在和自己做對。因為你過去曾經受了傷，現在想保護自己，所以才會抵抗。

六、要知道「外在」的世界是反映出「內在」的真實。當你對某個人反應特別強烈，不管是愛、恨、厭惡，這些都是你內心世界的投射。你最不喜歡的往往是你最抗拒自己的那一部分；你最喜愛的通常是你自己最想要的那一部分。用關係之鏡來引導自我的成長與蛻變。目標是為了要瞭解自己。當你能徹底瞭解自己，你最想要的一切都會成真；你最厭惡的一切都會消失。

七、放下道德論斷的重擔，內心會覺得輕鬆很多。評斷只是在辨別是非。當你做出評斷時，就不會再去深究這件事的本質，也切斷了學習愛的過程。評斷他人的時候，會反映出你無法接納自己。請記得，原諒別人就是在愛自己。

八、不要用毒素汙染你的身體，不管是食物、飲料或不好的情緒。你的身體不只是一套維生系統。你的身體是一套交通工具，要載著你走上蛻變的旅程。身體裡每個細胞的健康都會讓你更快樂、更幸福，因為每個細胞都是你這個覺知場內的覺知點。

九、有些行為來自恐懼，用以愛為出發點的行為來取代吧。恐懼是記憶的產物，應該讓它停留在過去。一直記著曾經讓我們受傷的人事物可以導引我們的能量，確保過去的傷害不會再出現，但不要拿它來危害現在，這樣做並無法避免自己再度受到傷害。要避免受傷，你只能給自己更多的安全感，那就是愛。明白這一點，你就可以面對所有威脅，因為你內在的力量不畏恐懼。

十、明白外在世界只是一面鏡子，反映出內心更深層的智慧。智慧指無形資產的集結，或所有物質與能量，因為一部分的智慧存在於你內心，你其實就是宇宙組成的一分子。因為你和萬物相連不可分割，所以不能汙染這個星球的空氣與水。在個人的層次上，你不能帶著不好的想法過活，因為每一個念頭都會在智慧的場域裡留下痕跡。平衡且純粹的生活對你和宇宙最好。

我相信過去你們都聽過類似的建議。以上提出的建議有些聽起來陳腔濫調，但這不代表老生常談就比較沒有用或是沒意義。我是慢慢地在生活中接納這些目標——有的很順利、有的很辛苦，有的則備受磨難。如果你有目標地活著，有一天你對感官、權力、安全感的依賴會逐漸消失。依賴感會被依附關係取代，而依附關係會讓你清楚孰重孰輕，讓你做出選擇，在目標微妙的引導下逐漸放手。以印度哲學家吉杜·克里希那穆提的話來說，最高層次是不做選擇就能覺知，根據每一個狀況自然做出正確的回應。這就是傳統智慧中所稱的超脱。各種文化、各種宗教的千古智慧都在追求這一點。這也是我想送給瑪莉卡、我的孫兒、還有每一位讀者的願望。

活出目標的六個練習（INTENT）

醞釀（Incubate）：

靜下來傾聽自己內心最深層的渴望，讓它引導你真正的方向。

察覺（Notice）：

察覺你的想法和行為，它會透露出哪些事情可以給你意義和使命感，這是帶領你走向真正道路的線索。

信任（Trust）：

對自己有信心、對宇宙傳遞給你的訊息有信心，這些都是成為你向前的力量。

表達（Express）：

寫下你的目標，大聲說出來，或和其他人分享，充分擁抱你的目標，讓你在人生旅程中繼續前進。

孕育（Nurture）：

在尋找人生方向時對自己溫柔一點。目標不一定是一條直線道路，人生也不是。過程中不可缺少給自己嘗試和失敗的機會，這是相當關鍵的步驟。

行動（Take Action）：

一旦確認目標，不要空等它會成真。你得採取必要的步驟來實踐它。

或許先許下一個心願，設定微目標會比較容易開始。

我的今日目標

我的今日目標

我的今日目標

我的今日目標

我的今日目標

我的今日目標

我的今日目標

我的心智圖

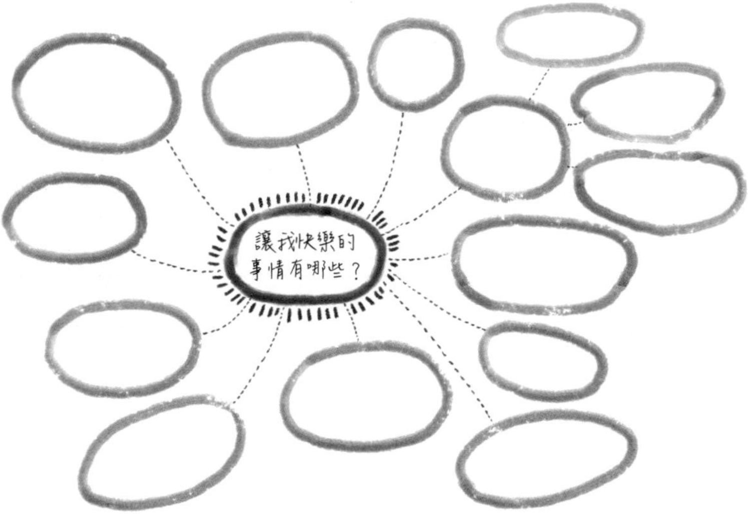

我的平衡之輪

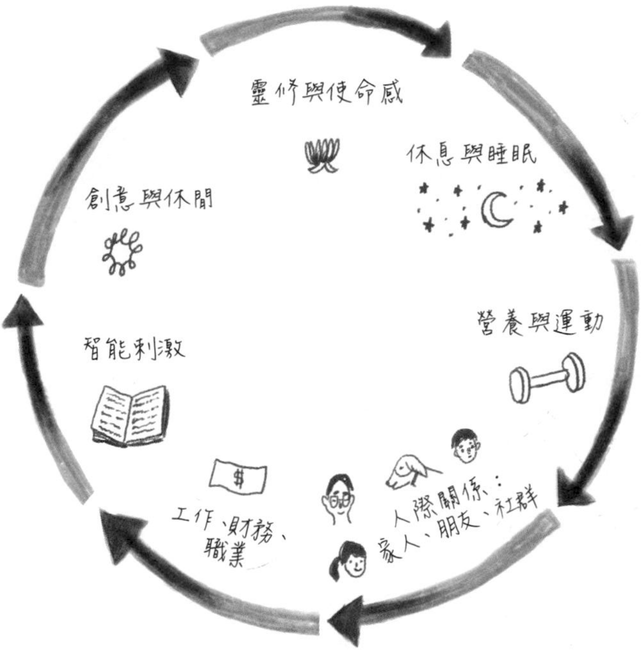

1-3: 很痛苦
4-7: 努力中
8-10: 漸入佳境

人生顧問 323

設定目標，活出精彩人生
6個正向練習重拾美好生活

作者	瑪莉卡・喬布拉 Mallika Chopra
譯者	葉妍伶
主編	陳怡慈
責任編輯	龍穎慧
責任企劃	林進韋
美術設計	張巖
內文插圖	Yumi Sakugawa
內文排版	徐美玲
發行人	趙政岷
出版者	時報文化出版企業股份有限公司 10803 台北市和平西路三段240號一至七樓 發行專線｜02-2306-6842 讀者服務專線｜0800-231-705｜02-2304-7103 讀者服務傳真｜02-2304-6858 郵撥｜1934-4724 時報文化出版公司 信箱｜台北郵政79～99信箱
時報悅讀網	www.readingtimes.com.tw
電子郵件信箱	ctliving@readingtimes.com.tw
人文科學線臉書	www.facebook.com/jinbunkagaku
法律顧問	理律法律事務所｜陳長文律師、李念祖律師
印刷	勁達印刷有限公司
初版一刷	2018年8月17日
定價	新台幣360元

時報文化出版公司成立於一九七五年，並於一九九九年股票上櫃公開發行，於二〇〇八年脫離中時集團非屬旺中，以「尊重智慧與創意的文化事業」為信念。

行政院新聞局局版北市業字第八〇號

LIVING WITH INTENT: MY SOMEWHAT MESSY JOURNEY TO PURPOSE, PEACE, AND JOY by Mallika Chopra (Author), Deepak Chopra (Afterword)
This translation published by arrangement with Harmony Books, an imprint of the Crown Publishing Group, a division of Penguin Random House LLC
Through Andrew Nurnberg Associates International Limited

ISBN 978-957-13-7507-6 ｜ Printed in Taiwan

Living with Intent：My Somewhat Messy Journey to Purpose, Peace, and Joy

國家圖書館出版品預行編目（CIP）資料｜設定目標，活出精彩人生：6個正向練習重拾美好生活／瑪莉卡・喬布拉（Mallika Chopra）著；葉妍伶譯. - 初版. -- 臺北市：時報文化, 2018.08｜ 面； 公分. --（人生顧問；323）｜譯自：Living with Intent: My Somewhat Messy Journey to Purpose, Peace, and Joy｜ISBN 978-957-13-7507-6（平裝）｜1. 自我實現 2. 生活指導｜177.2｜107012336